LE
LIVRE D'OR

DE LA

BELLE DÉFENSE DE SAINT-JEAN-DE-LOSNE

EN 1636

PAR

L'ABBÉ **JULES THOMAS**

CURÉ-DOYEN DE NOTRE-DAME DE DIJON, DOCTEUR EN THÉOLOGIE ET MEMBRE
DE PLUSIEURS SOCIÉTÉS SAVANTES.

> Proinde, ituri in aciem, et majores
> vestros et posteros cogitate.
>
> *Taciti Vita Agricolæ*, XXXII

DIJON

CHEZ L'AUTEUR ET LES DIFFÉRENTS LIBRAIRES

1892

LE
LIVRE D'OR
DE LA
BELLE DÉFENSE DE SAINT-JEAN-DE-LOSNE
EN 1636

CET OUVRAGE A ÉTÉ TIRÉ A 300 EXEMPLAIRES :

5 sur papier Japon, numérotés de 1 à 5.
5 sur papier de Chine, numérotés de 6 à 10.
30 sur papier de Hollande, numérotés de 11 à 40.
260 sur papier Vélin, numérotés de 41 à 300.

EXEMPLAIRE N°

LE

LIVRE D'OR

DE LA

BELLE DÉFENSE DE SAINT-JEAN-DE-LOSNE

EN 1636

PAR

L'ABBÉ **JULES THOMAS**

CURÉ-DOYEN DE NOTRE-DAME DE DIJON, DOCTEUR EN THÉOLOGIE ET MEMBRE
DE PLUSIEURS SOCIÉTÉS SAVANTES.

> Proinde, ituri in aciem, et majores
> vestros et posteros cogitate.
>
> *Taciti Vita Agricolæ*, XXXII

DIJON

CHEZ L'AUTEUR ET LES DIFFÉRENTS LIBRAIRES
—
1892

LE LIVRE D'OR

DE LA

BELLE DÉFENSE DE SAINT-JEAN-DE-LOSNE

EN 1636

AU LECTEUR

L'histoire de Saint-Jean-de-Losne en général et surtout celle du siège de 1636 ont déjà tenté de nombreux écrivains (1). Si j'ai pu déjà moi-même apporter ma pierre (2) au monument que des mains plus habiles élèveront bientôt, je l'espère, à la mémoire d'un glorieux passé (3), je ne viens point en offrir une seconde en mon nom personnel. Celle que je présente aujourd'hui a été tirée de la carrière, il y a plus d'un siècle ; mais je ne sais pour quelle

---

(1) V. *Bibliographie bourguignonne*, par Ph. Milsand, p. 35, 627 et suiv., et *Supplément*, p. 114.
(2) V. *la Belle Défense de Saint-Jean-de-Losne, en 1636.* Dijon, E. Jobard, 1886.
(3) Un érudit déjà connu par de savantes recherches, M. P. Dhetel, met en ce moment la dernière main à un ouvrage considérable qui embrasse toute l'histoire de Saint-Jean-de-Losne.

cause (les petits livres ont leur destinée)(1), la pierre dont il s'agit, bien taillée pourtant, était restée jusqu'alors oubliée aux abords du chantier.

Cette vieille étude a ceci de particulier qu'elle envisage les choses à un point de vue nouveau, bien qu'elle date de loin ; et elle est de nature à intéresser d'anciennes familles par les détails minutieux qu'elle renferme.

Si vous me demandez, ami lecteur, quel est l'objet de ce travail, d'où il vient, et à quelles sources on a puisé pour le faire, je vais tâcher de répondre, autant du moins que je le pourrai, à votre légitime curiosité ; puis je donnerai la parole à mon auteur.

§ 1.

L'objet de ce livre.

Il n'est pas ici question d'un autre fait que de la Belle Défense, et cependant il n'entre point dans ma pensée d'en donner un second récit. Malgré le proverbe latin : *Bis repetita placent,* — il y a des répétitions qui plaisent, — je ne veux point raconter de nouveau cette inoubliable histoire. Je retrancherais même dans le document que je publie tout ce qui se

---

(1) *Habent sua fata libelli.* Ovide.

rapporte aux choses qui sont parfaitement connues, si je ne craignais de porter une main téméraire sur un manuscrit précieux. Voici quel est mon dessein :

Quand une bataille a été gagnée, les rapports officiels, puis les relations historiques retracent les diverses péripéties de la victoire, nomment les chefs qui ont dirigé l'attaque et citent les plus braves parmi ceux qui se sont distingués dans la mêlée. Restent les soldats qui ont exposé leur vie ou qui sont tombés au champ d'honneur. Quelle sera leur part de gloire? Elle demeure forcément impersonnelle. L'histoire célébrera le courage des vainqueurs, mais sans pouvoir donner leurs noms. Elle comptera les morts et dira le chiffre des combattants ; mais elle ne fera point la monographie de chacun d'eux. Si leur mémoire subsiste en quelque coin ignoré, c'est au foyer paternel où la place des morts est restée vide ; ou bien, c'est dans la famille qui a revu les survivants et entendu leurs récits. Cette comparaison explique assez bien ma pensée. Ce que j'offre à ceux qui voudront lire ces lignes, ce ne sont point les grandes pages de l'histoire avec leurs illustres personnages, mais les souvenirs conservés dans la famille et les noms redits pendant de longues années au foyer de la maison.

Tous ceux qui prirent part au siège de 1636 ou qui vécurent à Saint-Jean-de-Losne, à cette époque, auront dans ces pages une mention. Il est vrai, les historiens nous avaient déjà conservé plusieurs noms, ceux des chefs les plus en vue et des combattants les plus intrépides. Mais combien d'autres restaient inconnus ! Or, si tous ont été à la peine, il est juste qu'ils soient tous à l'honneur. Pourquoi ne pas glorifier également ceux qui ont un titre égal à l'hommage de la postérité? Les plus petits, les plus humbles n'ont-ils point souffert ou ne sont-ils pas morts, comme les plus grands et les plus renommés, pour la défense de la même cause et de la même patrie ?

Si l'on me demande maintenant l'explication du titre que j'ai mis en tête de cette publication, j'invoquerai un vieux précédent. Il y avait jadis dans les républiques italiennes un registre que l'on appelait *le Livre d'or*. C'est là qu'on inscrivait les noms des familles nobles qui étaient à la fois l'appui et l'honneur de l'Etat, et ceux aussi des familles étrangères qui réclamaient une pareille faveur. Ainsi les Fregose et les Fiesque figuraient sur le registre de Gênes, les Bonaparte sur celui de Bologne et les Bourbons sur celui de Venise. Lucques, Milan, Florence avaient également leur livre d'or (1). Pourquoi la petite mais héroïque cité de Saint-Jean-de-Losne ne pourrait-elle point avoir le sien? Le siège de 1636 n'a-t-il point glorifié tous ceux qui firent face à

---

(1) *Encyclopédie des gens du monde*, de Treuttel et Wurtz. Paris, 1842. Tome XVI, p. 686.

l'ennemi sur les remparts et dans les assauts, et tous ceux qui, plutôt que de capituler, résolurent de mourir sous les ruines fumantes de la ville? N'ont-ils pas tous conquis une sorte de noblesse, celle que donne l'héroïsme, par leur indomptable valeur et leur immortelle *délibération ?*

L'un d'eux, Claude Martene, reçut des lettres de noblesse de Louis XIII, en raison des faits auxquels il avait pris part. Mais il ne voulut point s'en prévaloir. Un sentiment de réserve ne lui permit pas de porter un titre que d'autres avaient mérité comme lui. Ce cœur délicat, autant que brave, ne laissa-t-il point supposer, en agissant ainsi, que son désir aurait été de voir anoblir avec lui tous ses glorieux compagnons d'armes? L'honneur qu'obtint Claude Martene, appartient donc en quelque sorte à tous les héros du siège, et voilà pourquoi j'ai pensé qu'ils pouvaient tous figurer ensemble dans *le Livre d'or de la belle défense de Saint-Jean-de-Losne en 1636.*

Cette publication, du reste, semble venir à son heure. Il y a quelques mois seulement, la ville inaugurait un monument remarquable à la gloire de ses défenseurs. L'idée remonte au cinquantenaire de 1886. Elle fut émise par l'un des généraux qui prirent la parole (1). Après avoir insinué qu'à notre époque on était peut-être un peu prodigue en fait de statues,

---

(1) M. le général de division Tricoche, commandant la 15e division militaire à Dijon, aujourd'hui député de Saint-Dié.

l'orateur approuva celle qu'il était alors question d'élever à Lasalle, en disant qu'elle personnifiait le courage bouillant, la beauté, la souplesse et la force.

« Mais alors, ajoutait-il (1), de quel marbre précieux, avec quel riche métal faudrait-il construire le monument destiné à honorer la mémoire des héros de Saint-Jean-de-Losne !

» S'il est bien de célébrer la bravoure chevaleresque et la gloire étincelante d'un jeune général qui, dans l'entraînement d'une impétueuse nature, sillonnait au galop les champs de bataille, animé de la double ivresse du mouvement et de la poudre, faisant gaiement et brillamment le sacrifice de sa vie, il est mieux encore de perpétuer le souvenir des grandes âmes qui ont donné l'exemple de la vertu, c'est-à-dire de l'effort dans le sacrifice, du sacrifice accompli malgré les révoltes de la nature elle-même ; l'exemple sublime de la femme triomphant de sa faiblesse, du mourant surmontant les défaillances de l'agonie pour aller montrer aux jeunes hommes comment on meurt pour la patrie !

» Voilà les vrais héros, ceux dont la gloire rayonne par delà les siècles ; ceux que nous venons fêter en ce jour; ceux enfin qu'il faut immortaliser pour l'honneur du pays et pour l'admiration et l'exemple de la postérité. »

---

(1) V. *La Galas en 1886*, par Auguste Ratheaux. Dijon, Jacquot, Floret et Cie, 1886. P. 29.

Ces nobles paroles ont porté leur fruit. Le monument qu'elles réclamaient se dresse aujourd'hui sur la place de la Délibération, comme pour dire aux générations nouvelles : « Ici vos aïeux jurèrent devant Dieu et devant les hommes que les Allemands n'entreraient point à Saint-Jean-de-Losne ! »

On trouve sur l'un des côtés du socle le récit succinct du siège et sur l'autre on lit ces mots : « Aux défenseurs de Saint-Jean-de-Losne, 25 octobre — 3 novembre 1636. » Mais les noms de ces héros, nul, à deux cent cinquante-six ans de distance, ne saurait les redire. Je viens, pièces en main, m'asseoir à côté du monument, et relire avec vous, cher lecteur, un vieux recueil écrit, il y a bien longtemps, par un ami de votre ville et de vos patriotiques souvenirs.

§ 2.

Le manuscrit original.

Le texte authentique où sont consignés tous les noms de ceux qui vécurent au temps du siège, est resté jusqu'alors inédit. Je le signalai dans *la Belle Défense* (1) sous le titre qu'il porte effectivement de *Catalogue alphabétique des habitans de St Jean*

---

(1) Page **123**.

de Lône, etc , et je le mis largement à profit. Qu'on me permette de le rappeler : je formulai le vœu de voir imprimer enfin un inventaire si rare. Je le fis sans la moindre intention d'entrer moi-même dans ces études onomastiques. Mais j'étais sûr, en montrant aux arrière-neveux des défenseurs de la cité leurs anciens titres de famille et les trésors cachés de leurs archives, d'éveiller en eux le vif désir de les mieux connaître et de les posséder plus complètement.

En effet, plusieurs parlèrent aussitôt d'entreprendre cette publication. Un d'eux surtout, je lui dois ce témoignage de patriotisme envers la ville et de bienveillance à mon égard (1), me fit à ce sujet des offres généreuses. Mais, d'une part, une charge accablante et des travaux littéraires commencés depuis longtemps, et, de l'autre, la défiance de moi-même et la crainte de trop entreprendre, m'empêchèrent de répondre à des instances qui furent souvent réitérées. Si je cède aujourd'hui, et si je m'aventure dans un sujet où d'autres auraient plus de compétence, je tiens à laisser à ceux qui m'ont pressé, l'honneur de leur initiative et la responsabilité de leurs démarches.

L'auteur du manuscrit s'est nommé lui-même, non pas, il est vrai, dans l'ouvrage dont il s'agit, mais

---

(1) M. G. Mouillon, ancien maire de Saint-Jean-de-Losne.

en tête et à la fin des compilations dont il est extrait. Il s'appelle Maître Nicolas Fleury. Il naquit à Saint-Jean-de-Losne, le 12 décembre 1712. Il épousa Françoise Gaudin, qui se porta caution pour lui, quand il fut nommé receveur de la ville, le 27 décembre 1760. Il avait le titre d'avocat à la cour. Il nous dira tout à l'heure qu'il fut échevin de Saint-Jean-de-Losne. On sait d'autre part qu'il figura parmi les douze sieurs du Conseil et les fabriciens de l'église paroissiale. Il se fit inscrire parmi les membres de la confrérie du Saint-Sacrement, dont il fut nommé receveur, le 11 février 1748. On trouve également son nom sur les registres des confréries de Saint-Jean-Baptiste et de Saint-Yves. Il accepta la charge de bâtonnier de la première en 1753 et de la seconde en 1754, et il leur fit à l'une et à l'autre un don modeste, lorsqu'il parvint au terme de ses fonctions. Il demeurait *Retour de la rue du Palais*, entre le couvent des Dames Ursulines et la maison de Dominique Chamailly (1). Il mourut dans sa ville natale, le 20 janvier 1780.

Il a laissé plusieurs ouvrages. Le plus volumineux est un recueil qui a pour titre : *Abrégé de l'histoire de Bourgogne*. Relié avec couverture en veau et ficelles d'attache, il mesure trente centimètres de long sur vingt de large. On lit au verso de la couver-

---

(1) *Suplément aux Annales de St Jean de Lône*, p. 219 ; — p. 284 et suiv.; — 314 et suiv ; — 384 et suiv.; — 415.

ture la signature de M. Fleury et la date de 1761, signature et date qui se trouvent répétées à la fin de l'ouvrage. Il compte un peu plus de mille pages : neuf cent cinquante-deux numérotées en chiffres arabes, et les autres en chiffres romains. Quarante-six de ces dernières sont consacrées aux tables et trente-huit à divers extraits, parmi lesquels se trouve l'érection de l'évêché de Dijon. Ce manuscrit est resté jusqu'alors entre les mains des descendants de M. Fleury.

On y trouve plusieurs séries de documents : d'abord l'histoire des ducs de la seconde race et celle du duché jusqu'à la conquête de la Franche-Comté, en 1674 (1); puis les guerres de la Ligue avec les sièges d'Autun, de Beaune, de Dijon et de Chalon-sur-Saône (2). C'est à la suite de ces réductions, comme on disait alors, que l'auteur a transcrit, d'après Declumes, la relation du siège de Saint-Jean-de-Losne, bien qu'il se rattache à d'autres événements (3). Viennent enfin les guerres de la Fronde, la conquête de la Franche-Comté, les listes des gouverneurs de Bourgogne, des premiers présidents du Parlement et d'autres documents encore (4).

Le manuscrit qui nous occupe, *le Catalogue alphabétique*, se présente au contraire sous la forme

---

(1) P. 22-264.
(2) P. 265-678.
(3) P. 678-798. Cf. *la Belle Défense*, p. 6, 21, notes, et p. 171.
(4) P. 799-952.

d'un modeste cahier de vingt-sept centimètres de large, dans le sens de l'écriture, sur dix-huit de haut, et sans signature. Mais l'écriture et la provenance du manuscrit ne laissent aucun doute sur son authenticité. Il n'a pour couverture qu'une feuille un peu plus épaisse et qui est suivie de trois pages blanches destinées peut-être à des titres qui n'ont pas été mis, comme on trouve à la fin trois autres pages blanches destinées peut-être aussi à des tables qui n'ont pas été faites. L'ouvrage contient cent quatre pages. C'est le recueil que je publie sous ce titre posthume : *Le Livre d'or de la belle défense de Saint-Jean-de-Losne en 1636.* Inutile de l'analyser ici. On verra tout à l'heure qu'il fut composé en 1770. Resté de longues années dans la famille de M. Fleury, il appartient aujourd'hui à M. Dhetel, qui l'a mis très gracieusement et à plusieurs reprises à ma disposition.

J'ai entre les mains une seconde copie également authentique de ce précieux manuscrit. Un des arrière-petits-fils des héros de 1636, M. Jean de Martene (1), m'a signalé spontanément deux autres ouvrages de M. Fleury dont il est possesseur, et il me les a communiqués avec la courtoisie la plus parfaite.

---

(1) Claude Martene, qui figure avec tant d'honneur au siège de Saint-Jean-de-Losne en 1636, descendait à la cinquième génération de Jean Martene dont le nom se trouve dans une reprise de fief à Chaussin, du 31 décembre 1484, et le même Claude Martene est l'ancêtre, à la septième génération, de l'obligeant propriétaire des volumes dont nous parlons, M. Jean de Martene, capitaine au 140e régiment d'infanterie, à Grenoble.

Le premier, qui est le plus considérable et le plus ancien, porte deux en-tête, voici le plus court : « *Annales de la ville de St Jean de Lône*, contenant tout ce qui y est arrivé de plus mémorable, depuis sa fondation en 1252 par Hugues IV, duc de Bourgogne, jusqu'en la présente année 1761. » L'autre titre est beaucoup plus explicatif. Il énumère les divers mémoires que renferme le recueil : Extraits de l'ancienne prévôté de Saint-Jean-de-Losne, privilèges de la ville, aliénation du château, temps de guerre, de peste et de famine, traduction du Commentaire de Delamarre, établissement des maisons religieuses, du Jeu de l'arquebuse et de l'office de Maire, enfin procès-verbaux des réjouissances publiques. Après cette nomenclature l'auteur ajoute : « Le tout recueilli et exactement tiré des titres, papiers, comptes des receveurs et registres de délibérations étants aux archives de l'Hôtel de ville, mis en ordre chronologique et conduit jusqu'à la présente année 1761 par les soins de Maître Nicolas Fleury, avocat à la cour, et receveur de la même ville de St Jean de Lône. »

On voit par là que la seconde copie du *Livre d'or de la Belle Défense* n'est point dans ce premier volume. Nous allons la trouver dans le second. Il porte en titre ce qui suit : « *Suplément aux Annales de St Jean de Lône*, contenant un second recueil de plusieurs pièces notables tant anciennes que nouvelles concernant ladite ville, lesquelles ont été trouvées et découvertes depuis le premier recueil fait en 1761, avec la continuation d'icelles annales jusqu'en la présente année 1773. Le tout tiré des papiers et registres tant de l'église paroissiale que de l'Hôtel de ville et du Jeu de l'arc de ladite ville, et mis en ordre chronologique par les soins de M° Nicolas Fleury, avocat à la cour, ancien échevin et receveur actuel de la même ville. »

Ces deux manuscrits appartiennent de temps immémorial à la famille de Martene. Ils sont tous les deux reliés en veau, mais sans agrafes. Ils mesurent l'un et l'autre vingt-trois centimètres de long sur dix-huit de large. Le premier compte neuf cent trente-une pages de texte numérotées en chiffres arabes et trente-quatre de tables en chiffres romains. Suit une « addition » de seize pages relative à la reconstruction de l'église en 1534 et au remplacement des anciennes boiseries gothiques du chœur en 1757. Il y a dans le second volume six cent quarante-une pages de texte en chiffres arabes et sept de tables en chiffres romains. La dernière page est signée : Fleury, avocat, 1773.

Le titre du *Suplément aux Annales*, tout prolixe qu'il est, ne promet point ce que donne le volume. On y trouve, entre autres pièces curieuses, une transaction de 1580 entre les familiers et les magistrats sur le droit de présentation aux méparts vacants, des délibérations de 1605 et 1608 concernant les murailles et les canons de la ville, des notes tirées des registres des confréries de Saint-Jean-Baptiste à partir de 1569, du Saint-Sacrement, depuis 1649, et de Saint-Yves, depuis 1663, la relation des réjouissances de 1766, et, ce qui pour nous vaut son pesant d'or, une seconde copie du *Catalogue alphabétique* (1).

Avant de confronter ces deux copies, mentionnons encore deux compilations de notre infatigable écrivain, qui sont aussi la propriété de M. Dhetel. La première est intitulée : *Histoire des guerres entre les François et les Anglois, sous le règne de Charles VI, et de Charles VII,* etc. Cahier de soixante-quatre pages ; hauteur, vingt-neuf centimètres ; largeur, dix-neuf (2). La seconde est un petit recueil relié, de quatorze centimètres de haut sur neuf de large, qui renferme divers fragments d'histoire sur les Etats généraux de Tours en 1484 et plusieurs oraisons funèbres de Marie Leczinska.

Si nous comparons maintenant nos deux copies du *Catalogue alphabétique,* celle de M. Dhetel et celle de M. de Martene, nous y trouverons la même écriture, le même titre, la même date de composition, 1770, le même texte, mais avec quelques différences. Le

---

(1) P. 434-598.
(2) Suit un extrait de l'*Année littéraire,* 1775, de sept pages, où l'on prouve que ce ne fut point le duc de Bourgogne, mais Jean de Luxembourg qui vendit Jeanne d'Arc aux Anglais.

manuscrit Dhetel présente un certain nombre de ratures et de surcharges, qui dénotent non seulement un travail de retouche, mais qui, de plus, sont faites d'après le manuscrit de Martene et avec la même encre. Au contraire, ce dernier est d'un jet continu et sans rectifications appréciables. Il semble indiquer une seconde transcription sur laquelle l'auteur n'est pas revenu. Il présente, à ce point de vue, comme la mise au net de la première copie.

D'autre part, la recension de Martene est un peu plus complète que l'autre. Ainsi, par exemple, elle porte, dans la liste des officiers du bailliage, le nom de M. Pierre Louhet qui ne figure point dans la première. De même, la nomenclature des officiers de la prévôté royale laisse en blanc le nom du prévôt, dans le manuscrit Dhetel, tandis que le manuscrit de Martene donne : « Noble Claude Morlot, prévôt et capitaine châtelain de Brazey. »

Ailleurs, le premier texte renferme quelques mots en moins, sans qu'on puisse décider si c'est une omission voulue dans cette copie, ou si l'autre au contraire a fait une addition intentionnelle. Ainsi, pour citer un exemple, après avoir donné le chiffre des soldats de Galas, la recension de Martene ajoute : « y compris les valets et les goujats de l'armée ; » phrase qui ne se trouve point dans la copie Dhetel.

Une différence plus notable concerne la manière d'indiquer si les habitants que l'on dénomme ont paru aux assemblées de l'Hôtel de ville avant ou après le siège. Le manuscrit Dhetel procède à cet égard par signes conventionnels, afin d'éviter de monotones répétitions. Nous verrons plus loin le procédé, qui est expéditif sans doute, mais qui demande un certain effort de mémoire pour se reconnaître dans ces signes de convention. La copie de Martene ne recule point devant l'uniformité; elle n'a qu'un but, la clarté de l'exposition. Aussi ramène-t-elle sans cesse deux phrases stéréotypées, qui disent purement et simplement, et sans craindre la satiété des répétitions, si les habitants ont paru ou n'ont point paru à ces assemblées. Nous avons suivi cette dernière méthode, parce que nous avons préféré la clarté à l'élégance.

La question de savoir si les habitants ont fait partie du Jeu de l'arquebuse donne lieu à de nouvelles divergences. La copie Dhetel est muette sur ce point, tandis que la copie de Martene s'arrête complaisamment à ces détails. Ce qui se rapporte à l'inscription des noms dans les confréries de Saint-Jean-Baptiste et du Saint-Sacrement est beaucoup plus complet dans le second manuscrit que dans le premier. Il en est de même des états et professions des habitants. La copie Dhetel abrège, court au plus vite; au contraire, la copie de Martene ne redoute pas la redondance, encore qu'elle puisse être parfois fatigante.

Si l'on demande quelle est la copie la plus an-

cienne, on ne peut répondre qu'avec réserve. Le manuscrit de Martene a servi à retoucher l'autre ; il contient des indications que l'autre ignore ; il semble postérieur. Quant au manuscrit Dhetel, les signes conventionnels dont il est orné, les prétéritions peut-être volontaires du Jeu de l'arquebuse et d'autres encore, indiquent, peut-être, une œuvre de seconde main, je veux dire, un travail refait et remis sur le métier.

La minute date certainement de 1770. Mais a-t-elle été conservée par l'auteur ? Existe-t-elle encore aujourd'hui ? C'est ce que je ne puis dire. En tout cas, nous nous trouvons en présence de deux recensions originales, authentiques l'une et l'autre et se complétant l'une par l'autre. Ce qu'il faut chercher avant tout, c'est l'intégrité du texte. On le trouvera reproduit dans toute son ampleur, avec l'indication des différences des manuscrits (1).

L'orthographe a été scrupuleusement respectée, soit pour les noms propres, soit pour les mots usuels, soit même pour les formes grammaticales. Le style du bon vieux temps a une saveur particulière qu'il est à propos de lui laisser. Tout ce qui rapproche des anciens et des choses passées, dont on rappelle le souvenir, concourt à la fidélité de la peinture. Et

---

(1) Ces différences se répètent uniformément cinq ou six fois par page. On s'est contenté d'en signaler les différentes espèces, en avertissant qu'elles se reproduisent toujours de la même manière, dans les mentions du même genre.

pour employer une autre image, on peut dire que l'orthographe est comme un vêtement transparent qui permet d'entrevoir, à travers des formes vieillies, le fond de la pensée, et en quelque sorte, l'âme même de l'auteur.

D'ailleurs quel parti prendre? Impossible de penser à l'orthographe convenue de la fin du dernier siècle. Il aurait fallu corriger notre manuscrit d'après des règles que notre auteur n'avait pas suivies. Je ne pouvais non plus songer à notre manière actuelle d'écrire. Elle n'est point celle d'il y a cinquante ans; et, si l'on écoute plusieurs de nos philologues contemporains, nul ne peut dire comment on écrira dans un demi-siècle.

§ 3.

Les sources.

Pas n'est besoin d'un grand effort pour trouver les sources auxquelles l'auteur a puisé. Il les a indiquées lui-même, nous le verrons tout à l'heure, en tête de ses *Notes*. Elles sont au nombre de cinq ; les voici dans l'ordre où il les donne : les anciens registres de l'église paroissiale, ceux de l'Hôtel de ville et du Jeu de l'arc, le Commentaire latin sur la guerre de Bourgogne de Philibert Delamarre et l'histoire manuscrite du siège de Saint-Jean-de-Losne par Jacques Declumes.

Quelques détails sur chacun de ces documents ne seront point superflus. Commençons par les derniers.

L'ouvrage de Jacques Declumes, prêtre familier de l'église de Saint-Jean-Baptiste, est intitulé : « *Histoire du siège de Sainct Jean de Lône*, contenant ce qui s'est passé de plus remarquable dans le duché de Bourgogne en 1636. » On sait qu'il fut imprimé à Dijon en 1703, et que l'édition tout entière, à l'exception de quelques feuilles, devint la proie d'un incendie. Mais le manuscrit fut sauvé, et l'on en possède de nombreuses copies. M. Fleury en a inséré une dans son *Abrégé de l'histoire de Bourgogne*, où elle occupe cent vingt pages (1).

Cette copie a été revisée et probablement collationnée sur l'original (2). D'autres, moins bien conservées et moins sûres, se rencontrent assez facilement sur les bords de la Saône. Celle de la bibliothèque de Dijon est d'une grande et belle écriture du dix-huitième siècle (3). L'ouvrage de Declumes est précieux à tous égards. Il ne renferme pas seulement une histoire très intéressante du siège, mais il ouvre encore une mine abondante à la recherche des noms propres. Malheureusement, le pieux familier

---

(1) 678-798.
(2) M. Fleury a pu voir, à Saint-Jean-de-Losne, le ms. autographe de Declumes dans la famille Jolyclerc, qui le possédait encore en 1772.
(3) Elle est inscrite sous le n° 452.

de Saint-Jean-de-Losne a négligé d'indiquer les documents originaux.

Je ne puis faire le même éloge du *Commentarius* de Philibert Delamarre (1). Plus rapprochée des événements que l'ouvrage de Declumes, cette notice élégante contient l'histoire des sièges de Dôle, de Verdun, de Mirebeau et de Saint-Jean-de-Losne. Elle fournit, je le sais, des indications très curieuses et qui paraissent autorisées. Mais l'auteur ne s'arrête point devant les intéressantes personnalités de la Belle Défense. On sent bien qu'il n'a pas écrit sur place et que les âmes des héros n'ont point parlé à la sienne. En définitive, son récit est pauvre en noms propres. Je ne vois pas bien pourquoi M. Fleury le cite parmi les documents qui ont enrichi ses listes. Mais je comprends qu'il en ait fait une traduction française, à titre de renseignements historiques. Il l'a insérée dans le premier volume de ses *Annales de St Jean de Lône* (2).

Bien différents sont les registres de l'Hôtel de ville. Les délibérations des assemblées, qui précédèrent ou suivirent le siège, donnent les noms des échevins, des syndics, des sieurs du Conseil et des principaux habitants. Ces listes sont quelquefois

---

(1) La première édition du *Commentarius de bello Burgundico* parut en 1642. Elle fut remaniée par l'auteur et réimprimée après sa mort, en 1689. Dijon, chez Jean Ressayre. Bib. de Dijon, n° 18686.

(2) P. 341 et suiv.

assez longues, et c'est fortune alors pour M. Fleury. Il a rangé tous ces noms par ordre alphabétique, et il a pris soin de marquer pour chacun d'eux s'il avait figuré dans les assemblées avant ou après 1636, ou bien même, s'il y avait paru successivement avant et après le siège. Ces mentions, bien que rédigées d'une manière uniforme, sans art et sans apprêt, composent assurément les lignes les plus intéressantes du *Livre d'or de la Belle Défense*, et voilà pourquoi nous avons voulu en reproduire la teneur exacte. Nous donnerons dans les appendices quelques extraits des délibérations, non seulement pour en dégager l'esprit, mais encore pour montrer quelles ressources elles ont apportées à notre annaliste.

Cette fortune eût été plus belle encore, M. Fleury en a fait la remarque, si l'on avait passé le contrat indiqué par une délibération du 5 décembre 1638 et dont nous citerons le texte à la fin de cet ouvrage. Il s'agissait d'établir une fondation qui perpétuerait le souvenir du siège ; et tous ceux qui y avaient assisté, devaient être nommés dans l'acte. Hélas ! pourquoi faut-il le dire ? cette pièce manque, comme toutes celles de son époque, et rien ne peut remplacer un document si précieux. Il y a d'autres lacunes dans les registres de l'Hôtel de ville. Voici la première : ils ne donnent ni les noms des pauvres et des manouvriers, qui n'assistaient pas aux réunions des principaux habitants, ni ceux des enfants et des femmes.

Les assemblées, en effet, ne comprenaient que les notables. Ce qui reste à faire valoir, c'est toujours la part des petits et des humbles; nous n'avons pas encore rencontré les documents où nous lirons leurs noms. Ce n'est pas tout; les registres présentent un autre *desideratum*. On n'y trouve point les procès-verbaux des délibérations, qui se sont tenues depuis le 18 octobre 1636 jusqu'au 26 septembre. Dois-je encore rappeler le motif de cette omission? Les livres étaient entre les mains du secrétaire de l'échevinage, Claude Nivelet, alors atteint de la peste. Le commis-greffier écrivit les nouveaux actes soit sur un registre spécial, soit sur des feuilles volantes, et ces actes sont aujourd'hui perdus.

Heureusement, d'autres documents ont pu suppléer toutes ces lacunes; citons en premier les registres du Jeu de l'arc.

Ce jeu fut assez en vogue dans les villes qu'arrose la Saône, au milieu du dix-septième siècle. Celui de Saint-Jean-de-Losne paraît remonter aux années qui suivirent la pacification générale, après la défaite de la Ligue (1). Il existait en 1613, parce que, à cette date, le manuel des cens de la ville en fait mention. Une requête adressée aux échevins, le 16 avril 1617, prouve qu'il était alors en plein exercice. Les anciens titres n'ont pas été conservés, mais M. Fleury a vu et

---

(1) *Annales*, p. 232 et suiv. — *Suplément*, p. 98 et suiv.

consulté des registres plus récents. L'un d'eux porte en titre le règlement du Jeu ; en voici les premiers articles :

« Tous chevaliers du noble et ancien Jeu de l'arc promettent à Dieu de maintenir ledit noble jeu de l'arc fidellement, sans fraude et déception quelconque.

» Le service divin sera préféré à toutes sortes de passetems, et fera la confrairie le jour de fête de Monsieur saint Sébastien par lesdits chevaliers, sans remise, et le pain bénit fait à leur ordre.

» Tous juremens, blasphèmes et reniemens du saint nom de Dieu sont prohibés et deffendus. »

Les membres de ce Jeu se divisaient en différentes catégories : les élus, les chevaliers et les archers. Quant aux officiers, ils portaient des noms assez pompeux : le roi de l'oiseau, le roi du gâteau, le connétable, le capitaine, le lieutenant, l'enseigne et les écuyers. Celui qui abattait l'oiseau, trois années consécutives, avait une dignité nouvelle ; on l'appelait : l'empereur. Il y avait aussi des différences entre les parties du Jeu : on distinguait la partie du roi de l'oiseau, celle du roi du gâteau et celle du connétable.

Tel est le genre des renseignements que M. Fleury a trouvés dans ces registres ; nous verrons plus loin quel usage il en a fait. On compte sur les listes reproduites dans le *Suplément aux Annales* quatre-vingt-trois chevaliers de 1638 à 1658. On y voit figurer ceux qui tirèrent dans les diverses parties du Jeu et les noms des vainqueurs. Je n'insiste pas sur ces indications, parce que nous les retrouverons au *Livre d'or*.

Avec les registres de l'Hôtel de ville et du Jeu de l'arc, nous recueillons des noms omis par les anciens historiens, ceux des notables et des amis du tir. Mais la question que nous posions tout à l'heure reste entière : Où chercher les noms des pauvres, des petits, des femmes et des enfants? C'est l'Eglise qui les fournira (1).

Elle nous reçoit à notre entrée dans la vie chrétienne, et enregistre nos noms dans ses fastes sacrés. A côté de ces noms qui nous appartiennent en propre, elle inscrit ceux de nos pères et de nos mères, de nos parrains et marraines. Il n'y a d'exception pour personne. Le riche et le pauvre, l'enfant du dernier des prolétaires et celui du premier magistrat de la cité se donnent la main, dans ces vénérables matricules. Le jour de leur baptême, ils reçoivent la même noblesse divine, consignée dans les mêmes actes et les mêmes titres et scellée du même sceau. Or, les registres des baptêmes de l'église paroissiale de Saint-Jean-de-Losne remontent à l'an 1620. Nous sommes donc assurés d'y rencontrer toute

---

(1) Voyez les registres de l'état religieux, aujourd'hui déposés à l'Hôtel de ville.

la jeunesse de la ville et des villages qui en dépendent. Nous y trouvons en même temps leurs pères et leurs mères, leurs parrains et leurs marraines, c'est-à-dire à peu près toute la population paroissiale, sans distinction de fortune, d'honneur ou de rang.

Ce qui peut manquer à cette nomenclature ou ce qui peut rester douteux, d'autres registres paroissiaux serviront à le compléter ou à l'éclaircir ; je veux parler des registres de la Familiarité et des confréries de Saint-Jean-Baptiste et du Saint-Sacrement.

On appelait *Familiarité,* sur les bords de la Saône (1), ce que l'on désignait ailleurs sous le nom de *Mépart.* A Saint-Jean-de-Losne, c'était un collège de prêtres natifs de la ville, qui devaient remplir les fonctions du service divin dans l'église, et qui se partageaient les revenus affectés à ces offices. Les statuts connus de cette Familiarité datent du 5 juin 1529 (2) ; l'institution du collège est de 1393. Le droit de présentation aux places vacantes appartenait aux échevins, et le droit de nomination à l'évêque de Langres (3). M. Fleury a pu reconstituer la liste complète des familiers en 1636, et il l'a mise hors cadre, comme celle des autorités

---

(1) Familiarités d'Auxonne, de Brazey, de Pagny, de Seurre, et de Saint-Jean-de-Losne.
(2) Archives départementales. *Familiarité de Saint-Jean-de-Losne.*
(3) *Suplément,* p. 1 et suiv.

militaires, judiciaires et municipales dans les préliminaires du *Catalogue.*

Les registres de la confrérie de Saint-Jean-Baptiste indiquent, à partir de 1569, les noms des bâtonniers et des confrères qui ont été successivement reçus (1). On voit que les bâtonniers avaient coutume de faire un présent à l'Eglise, quand ils remettaient leur charge. Je citerai quelques exemples en les empruntant de préférence aux noms que nous retrouverons au *Livre d'or.*

En 1622, le sieur Philibert Desgranges, échevin, et Marthe Boyer, sa femme, donnèrent un tableau portant l'image de saint Jean. En 1624, M⁰ Jean Patrouillet, procureur syndic, fit présent d'un encensoir d'argent. En 1627, Pierre Micaut, marchand, et Marcienne Morelot, sa femme, donnèrent « à l'honneur de Dieu, de la sainte Vierge et de saint Jean-Baptiste, et pour la confrairie aussi du Rosaire, une bannière de taffetas bleue, où il y avoit une image de Notre-Dame de chaque côté. » En 1640, Pierre Jannon, marchand, et Jeanne Bouscaut, sa femme, offrirent « trois chapes de taffetas incarnat cramoisi, avec la dentelle d'argent, icelles dédiées pour porter les reliques de l'église aux processions. » Je m'arrête, les noms et les dons se suivent ainsi d'année en année, attestant à la fois la générosité des habitants

---

(1) *Suplément*, p. 284 et suiv.

de Saint-Jean-de-Losne pour l'église et leur piété envers son glorieux patron.

Mais je ne résiste pas au plaisir de citer parmi les recrues de la confrérie de Saint-Jean-Baptiste en 1642, comme j'aurais pu le nommer tout à l'heure parmi les rois de l'oiseau, « Messire Claude d'Ally, sieur de Saint-Point, icelui capitaine au régiment de Mgr le prince de Conti et gouverneur de la ville de Saint-Jean-de-Lône. » Jean Jeannel, conseiller du roi et lieutenant civil au bailliage et Hilaire Delettre, lieutenant criminel, se firent inscrire en 1643. Je m'éloigne à regret de ces noms glorieux. M. Fleury nous dédommagera plus loin.

La confrérie du Saint-Sacrement est relativement plus récente (1). Elle fut érigée, le 1er avril 1649, avec l'autorisation de l'évêque de Langres, pendant une mission paroissiale, par le Père Michelange de Chalon, gardien du couvent des capucins de Dijon, « sur l'ardent désir des principaux habitans et paroissiens, conformément à la volonté, zèle et piété de M. le curé, Messire Hector Darcier, docteur en théologie, et de MM. les sociétaires. »

Les statuts veulent 1° « que les confrères tâchent d'assister à la procession du Saint-Sacrement, le troisième dimanche de chaque mois; 2° que tous les mois, ou du moins six fois l'an, les confrères se

---

(1) *Suplément*, p. 314 et suiv.

confessent et reçoivent le précieux corps du Sauveur. »

Les dignitaires furent élus suivant les formes prescrites. On nomma comme recteur de la confrérie : Messire Edme de Sommieux, seigneur et baron d'Ampilly, gouverneur de Saint-Jean-de-Losne, et comme vice-recteur : M⁰ Pierre Desgranges, échevin de la ville. Les conseillers furent M⁰ Etienne Garnier, bourgeois et M⁰ François Pierre, notaire royal ; le trésorier, Nicolas Vaudrey, et le secrétaire, Pierre Germain.

Nous n'avons point les premières listes, mais nous voyons par celles de 1654 que la confrérie comptait parmi ses associés soixante-dix-neuf hommes et cent douze femmes.

Tant de noms venus de tous côtés et puisés dans des sources si différentes ont évidemment fourni à notre historien un excellent moyen de contrôle. Encore ne l'a-t-il pas jugé suffisant, et à juste titre. Il s'est vu servi par les documents au-delà de ses souhaits. Il a reconnu lui-même que le nombre de ceux dont il a recueilli les noms dépasse le chiffre des habitants qui se défendirent contre Galas. D'abord il est possible qu'il ait porté comme vivantes des personnes décédées avant le siège. Mais comment vérifier, puisque le registre des décès n'existe pas? Ensuite, un certain nombre d'étrangers ont pu se fixer à Saint-Jean-de-Losne après 1636, attirés par des mariages, le commerce, l'industrie, la culture et peut-être aussi par les privilèges que la ville avait conquis. Comment démêler ces nouveaux venus, à cent trente-quatre ans de distance? L'infatigable érudit s'est trouvé désarmé devant ce problème. Voilà pourquoi il a intitulé sa nomenclature : *Catalogue des habitants qui ont assisté* ou PU ASSISTER *au siège*. Les notes qu'il a jointes à chaque nom indiquent tantôt une certitude complète, tantôt une probabilité plus ou moins grande. Le lecteur peut apprécier; M. Fleury lui apporte les pièces et le laisse juge.

LE LIVRE D'OR

DE LA

BELLE DÉFENSE DE SAINT-JEAN-DE-LOSNE

EN 1636

PRÉLIMINAIRES DE M. FLEURY (1).

Nous diviserons l'introduction qui précède le *Catalogue alphabétique* en trois paragraphes. Le premier rappelle quelques faits historiques en vue de montrer l'importance du siège. Le second s'occupe des personnes ayant dans la ville une charge quelconque en 1636, et que l'auteur a très heureusement groupées. Le troisième donne un certain nombre de notes explicatives sur le *Catalogue*.

§ 1.
Faits historiques.

I.

TITRE GÉNÉRAL.

Notes concernant l'histoire du siège de la ville de St Jean de Lône en l'année 1636, contenant un abrégé de ladite histoire, avec un Catalogue de tous les habitans de l'un et l'autre sexe qui y assistèrent, ensemble des étrangers avec lesquels ils contractèrent alliance par mariages,

---

(1) Ce premier alinéa, les trois titres qu'il indique et les premiers sous-titres de chaque paragraphe sont ajoutés au texte. Les autres viennent de M. Fleury.

aux années qui ont précédé et suivi le tems du même siège, à compter depuis l'année 1620, jusqu'en 1660.

Le tout fait et dressé en l'année 1770, sur les recherches qui ont été faites tant dans les anciens registres publics de l'Eglise paroissiale et de l'Hôtel de ville et du Jeu de l'arc que dans le Commentaire latin sur la guerre de Bourgogne de l'année 1636, fait par Messire Philibert Delamarre, conseiller au parlement de Bourgogne, imprimé à Dijon en 1689, et dans l'histoire manuscrite du siège de St Jean de Lône, composée en l'année 1703 (1) par le Sr Jacques Declumes, prêtre familier en la même ville, fils du Sr Jean Declumes, avocat et controlleur au grenier à sel, et de dame Antoinette Petitjean sa mère, qui étoit fille du Sr Remy Petitjean marchand à Brazey, lequel, au tems du siège de St Jean de Lône, se retira en cette ville avec sa famille et ses effets, servit utilement comme les autres habitans à la deffense de la place, et y fixa du depuis sa demeure ordinaire.

II.

L'ARMÉE ASSIÉGEANTE.

Cette ville (de St Jean de Lône) (2) fut donc assiégée et investie, le 25 octobre 1636, par l'armée impérialle combinée d'Allemagne, Espagne, Hongrie, et Lorraine, commandée par quatre généraux, dont le premier et principal fut le comte Mathias Galas, général des troupes impérialles; le marquis de St Martin fut celui de l'armée espagnole;

---

(1) En 1703 et non en 1707, comme M. Fleury l'a écrit par erreur.
(2) Ces mots sont retranchés dans le ms. Dhetel.

le marquis de Grana fut celui des troupes hongroises, et le duc de Lorraine commanda les siennes en personne.

Ces quatre grands corps de troupes réunis formoient sans doute une armée formidable, de laquelle néanmoins on n'a put sçavoir au juste le nombre d'hommes dont elle étoit composée, puisque, suivant un acte d'assemblée de l'Hôtel de ville de St Jean de Lône, du 31 octobre 1643, elle ne fut portée qu'à cinquante mille hommes; dans un grand cartouche étant en l'Hôtel de ville, et dans l'histoire de M. Declumes, à quatre-vingt mille hommes, et dans le commentaire de M. Delamarre à plus de deux cens mille hommes (y compris les valets et goujats de l'armée) (1).

Mais sans s'arrêter à ces différentes évaluations toutes arbitraires, il est certain que cette armée étoit très nombreuse et puissante, comme il est facile d'en juger par la liste qui suit des régimens, et de l'artillerie dont elle étoit composée, laquelle liste a été conservée et insérrée par le Sr Declumes en son histoire du même siège.

III.

RÉGIMENTS DES ALLIÉS.

Liste des Régimens de cavalerie et d'infanterie qui, sous le commandement du comte Galas, général des armées de l'Empereur, et des alliés, entrèrent en Bourgogne et mirent le siège devant St Jean de Lône, le 25 octobre 1636.

Régimens de l'Empereur. — Cavallerie.

Picolomini, vieux régiment. Picolomini, nouveau régiment. Annibal de Gonzague. Louis de Gonzague. Le comte de Ritberg. Milheim. Alte-Saxe, ou comte de Brouais.

---

(1) Ces derniers mots sont retranchés dans le ms. Dhetel.

Le comte de Bocheim. Vernier. Nicolas. Lamboy. Strozzi. Baden. Switz. Les gardes de Galas. Une compagnie de 300 hommes.

Régimens de Croates.

Isolani. Corpus. Fortkas. Ludovic. Bergot. Botchani. Gœultz. Blaischeronis. Meinhart. Cohuas Peter. Teugochis. Loquardy. Deux compagnies de 400 polonais (1).

Régimens d'infanterie.

Galas. Le marquis de Grana. Rheinach. Savilly. Mercy. Lechrs. Baden. Wadel. Brinnen. Alte-Saxe. Borneval. Wieffembach. Le vieux Vangler. Le jeune Vangler. Bonick. Florence. Hardek. Le jeune Butler. Matisson. Linzé. Mœurtre. Gordon.

Régimens du duc Charles. — Cavallerie.

Clicot Gomus. 1er régiment de Blainville. 2e régiment de Blainville. Lenoncour de Serres. L'aîné Clinchant. Clinchant le jeune. Beaulieu. Béru. Agicourt. Gaspard de Mercy. Le régiment commandé par Duhal. Les cinq compagnies franches.

Dragons.

Galas. Butler. Six régimens dont on n'a put avoir les noms.

Infanterie.

Grammont, Darbois l'ancien. Darbois le jeune. Melezé.

Régimens de cavalerie conduits par le marquis de St Martin.

St Martin. Ste Gonovere. Loyerer. Hasfelt le vieux. Hasfelt le jeune.

---

(1) V. 89. Cf. ms. de la Bibl. de Dijon, n° 452, p. 57, et ms. F. B. n° 55, p. 31.

Régimens d'infanterie conduits par le colonel Butler.

Butler le vieux. Butler le jeune. Colron. Linzé.

Régimens d'infanterie conduits par le marquis de Grana.

Trois régimens dont les noms n'ont pas été écrits.

Tous les régimens montent à 84 tant cavalerie qu'infanterie, sçavoir : 31 régimens de cavalerie : 12 régimens de Croates : 8 régimens de dragons : 33 régimens d'infanterie, non compris les deux compagnies de 400 polonais (1) et les cinq compagnies franches.

Artillerie.

12 pièces de canons de 24 livres de balles. 22 pièces de 18 et 12 livres. 60 pièces de régimens. 12 mortiers à bombes. 3000 chevaux pour conduire l'artillerie et les munitions. 1200 chariots pour les charger.

Telles furent les forces de l'armée assiégeante, et voicy en quoi consistèrent celles des assiégés.

IV.

LES ASSIÉGÉS.

Le gouvernement de la ville de St Jean de Lône, en 1636, étoit tenu par Messire Claude de Rochefort d'Ailly, baron de St Point, et capitaine de la première compagnie du régiment de M^r le prince de Conti; mais ce n'étoit que par commission de Mgr Roger, duc de Bellegarde, pair et grand écuyer de France, qui étoit alors gouverneur en titre de la ville de St Jean de Lône, lequel gouvernement il tint jusqu'au 4 fevrier 1645, jour auquel il en donna sa démission es mains du Roi, en faveur de Mgr le prince de

---

(1) V. la note de la page 38.

Condé ; sur laquelle démission le Roi accorda, le 6 du même mois, lettres de provisions du même gouvernement à Mgr le prince de Condé ; lesquels actes de démission et lettres de provision sont transcrits au registre des délibérations de l'Hôtel de ville. Tellement que M^r de St Point fit les fonctions de gouverneur à St Jean de Lône, par commission de Mgr le duc de Bellegarde, depuis l'année 1632 jusqu'en 1645, et du depuis les continua par autre commission de Mgr le prince de Condé jusqu'au commencement de l'année 1650, auquel tems s'étant élevé une guerre civile en Bourgogne au sujet de la détention du prince de Condé, mis à la Bastille, avec le prince de Conti et le duc de Longueville, par ordre du premier ministre, le cardinal Mazarin, M^r de St Point biaisa dans le service du Roi, et s'attacha d'affection au parti révolté en faveur des princes (1), jusqu'au point que, contre le gré des habitans de St Jean de Lône, il fit ouvrir, le 25 janvier 1650, la porte du pont de Saône à trois seigneurs qui venoient de Seurre pour solliciter ceux de St Jean de Lône à la révolte ; à quoi ces seigneurs ne gagnèrent rien, comme on le peut voir par le procès-verbal du même jour, étant sur le registre des délibérations de l'Hôtel de ville. Mais le fait de M^r de St Point ayant été sçu en cour, le Roi le destitua promptement de sa commission de gouverneur, crainte que par ses intelligences avec les rebels il ne trouva moyen de leur livrer la ville de St Jean de Lône.

Mais, en 1636, lors du siège de St Jean de Lône, M^r de St Point se comporta très bien ; il fut malheureusement attaqué de la peste deux jours avant l'arrivée des ennemis

---

(1) **En faveur du prince de Condé. Ms. D.**

devant ladite ville; il en guérit cependant, après avoir été longtems malade : ce fut par ses soins prévenants et joints à ceux des magistrats que la ville se trouva en bon état et bien fournie de vivres, armes et munitions.

La ville avoit pour lors huit pièces de canons portant boulets, marquées à ses armes, et fondues à ses frais, environ 45 ans avant le siège, à l'occasion de la guerre civile de la Ligue, sous les règnes d'Henri III et d'Henri IV, lesquelles pièces de canons, longtems après le siège de 1636, furent enlevées par les ordres du Roi Louis XIV, le 13 juillet 1673, et transportées pour son service en la ville d'Auxonne, suivant qu'on le voit par les registres de délibérations de l'Hôtel de ville de St Jean de Lône.

V.

LES AUXILIAIRES.

La garnison de cette ville au tems du siège étoit composée de huit compagnies du régiment de Conti, dont il n'y en avoit guère que 150 hommes en état de servir, les autres étant malades de la contagion.

Le Sr Christophle de Machaut, seigneur de la Marche, capitaine de la 2e compagnie, et lieutenant du gouverneur pour le Roi, eut tout le soin et gouvernement de la place, à cause de la maladie du Sr de St Point; il fut effrayé à la vue de l'armée ennemie, ce que n'osant pourtant faire paroitre, il prétexta d'user de prudence en proposant d'abord de capituler avec un ennemi trop puissant, pour éviter le saccagement de la ville, qui sans cela paroissoit inévitable; mais les habitans alors assemblés avec les officiers de la garnison dans l'hôtel du S^r de St Point, répondirent au Sr Machaut, que s'il avoit peur, il pouvoit choisir celle des portes de la ville qu'il lui plairoit pour se retirer, qu'il ne pouvoit leur faire un plus grand plaisir, et que la garnison n'en feroit que mieux son devoir. Sur quoi, le S^r de St Point par ses bons discours ayant ramené son lieutenant à une meilleure opinion, l'engagea à entreprendre la deffense de la place.

Messire Gérard Jacquot, baron d'Esbarres et seigneur du Magny, laissa son château de la Nivelle, et étant entré dans la ville avec le Sr Claude Jacquot de Tremont, son fils, le Sr de Montfleury et le Sr Annibal de la Coste (1), seigneur de Trouhans, il combattit vaillamment à la brèche, que le canon ennemi avoit faite au mur de la ville, étant assis dans un fauteuil ; car il ne le pouvoit faire autrement, à cause de son grand âge, et ayant ses valets à ses cottés, qui chargeoient continuellement des armes à feu, dont il ne se servoit pas inutilement.

Le Sr Remy Petitjean, bourgeois à Brazey, se retira pareillement à St Jean de Lône avec toute sa famille et y fit conduire ses meubles, grains, bétail, et toutes ses autres denrées et provisions, disant qu'il vouloit abandonner sa fortune et sa vie à l'évènement de la guerre et se deffendre jusqu'à la mort, dans une place où étoient tous ses amis.

Le Sr Jean Bernier, avocat, demeurant à Dijon, qui étoit alors le conseil ordinaire de la ville de St Jean de Lône en fait de procez, y étant venu quelques jours avant l'arrivée des ennemis devant ladite ville, n'en put sortir, et fut obligé d'y rester pendant le siège, où il rendit à la ville de très grands services, notamment en ce qu'au

---

(1) On écrit aussi : de la Cousse.

péril de sa vie, il partit, la nuit du 29 au 30 d'octobre, pour aller à Seurre, à l'effet d'y présenter au Sr de la Motte Hodancourt, qui y étoit avec son régiment pour la garde de cette ville, les lettres de M^{rs} les Magistrats de St Jean de Lône, par lesquelles ils le prioient de leur accorder un secours de quelques compagnies de soldats ; ce qui réussit.

Le secours de 60 soldats fut envoyé la même nuit à St Jean de Lône par ledit Sr de la Motte Hodancourt sous la conduite du Sr de Loyac.

VI.

LE NOMBRE DES HABITANTS.

La plus grande partie des habitans de St Usage et d'Echenon (1) se retirèrent pareillement en la dite ville, et y amenèrent tout ce qu'ils purent de leur bétail, vivres et effets, et servirent beaucoup à la deffense de la place. Mais malgré la victoire remportée sur l'ennemi, ils eurent la douleur de voir, après le siège, leurs villages, comme presque tous les autres, entièrement saccagés et brûlés, sans aucunes nouvelles de ceux qui y étoient restés, lesquels furent tous tués, ou emmenés prisonniers par les ennemis. En considération de quoi les habitans actuels de ces deux villages jouissent du même privilège d'exemption de tailles royalles que les habitans de St Jean de Lône.

On voit par le registre des baptèmes de l'Eglise paroissiale de la même ville qu'en 1636 il y eut un grand nombre d'enfans étrangers qui furent baptisés à St Jean de Lône, appartenants à plus de trente familles de gens de campagne

---

(1) Qui, Ms. de Martene.

des deux cottés de la Saône, autres que d'Echenon et
St Usage, qui s'y étoient pareillement réfugiées pour éviter,
du cotté du comté de Bourgogne, les incursions et hostilités
des Comtois, et de l'autre cotté, celles des troupes de
l'armée assiégeante.

On compte même sur ce registre neuf baptêmes d'enfans
faits à differens jours, pendant le cours du siège, sçavoir,
depuis le 25 octobre jusqu'au 2 novembre, ce qui prouve
la fausseté du bruit que l'on avoit fait courir, que tous les
prêtres avoient désemparé la ville pendant le siège.

Enfin le nombre des habitans en état de porter les armes
pouvoit être seulement d'environ 400, comme on pourra le
connoître dans le Catalogue cy aprez.

Mais quand ces habitans joints à la garnison et aux
étrangers réfugiés auroient formé ensemble douze ou
quinze cens hommes d'armes, qu'est-ce qu'un si petit
nombre en comparaison de la prodigieuse armée des assé-
geans? Et n'est-il pas étonnant qu'une si petite et si foible
place ait jamais osé penser à la moindre résistance? Cependant ces troupes si nombreuses d'ennemis dans les prai-
ries de St Jean de Lône n'en purent effrayer les habitans.

VII.

LES POSITIONS DE L'ENNEMI.

La cavalerie ennemie parut, le 24 octobre, devant St Jean
de Lône ; et, le lendemain, toute l'armée approcha de la
ville, dont elle fit le blocus, depuis l'endroit où la rivière
d'Ouche se jette dans la Saône, jusqu'au bois de Langonge
de l'autre cotté.

A mesure que l'armée approchoit, elle prenoit les postes
qui lui étoient marqués; le quartier général fut à St Usage.

Le comte Galas et le duc Charles prirent le leur au village de Montot ; le quartier des marquis de Grana et de St Martin, au village de Brazey ; celui d'Isolani et de Fortkas étoit à Trouhans ; Mercy, inspecteur général de l'armée de l'Empereur, le baron de Clinchant, Agicourt, Baulieu, Grammont et Darbois avoient pris le leur au village d'Echenon, et les colonels Ludovic, Milheim, Gœultz, Ritberg, Rheinach, Borneval, Vieffembach, et plusieurs autres se logèrent à St Usage.

L'armée ennemie occupoit tous les villages voisins et s'étendoit jusqu'à Tart le Haut, Tart le Bas, Varange, Rouvre, où étoit le quartier du général Lamboy, pour observer le cardinal, duc de la Vallette, et s'opposer à ses desseins.

Les troupes destinées à faire le siège furent postées comme s'ensuit :

Les Impériaux étoient sur le bord de la Roye, vulgairement appelée Roye des perches, qui étoit entre eux et la ville, et s'étendoient depuis l'endroit où cette Roye prend son cours jusqu'au village d'Echenon.

Les troupes du duc Charles étoient à la droite des Impériaux et s'étendoient jusqu'au bord de la Saône, proche le bois de Langonge, ayant derrière elles la rivière de Vouge sur laquelle elles avoient jeté un pont.

Les troupes commandées par les marquis de St Martin et de Grana étoient à la gauche, et occupoient tout l'espace de la prairie entre le village d'Echenon et la Saône, ayant derrière elles la rivière d'Ouche. Les Croates ravageoient les campagnes, enlevoient le bétail, l'amenoient au camp et faisoient payer des contributions. La cavalerie, inutile au siège, alloit consommer les fourages des endroits les plus éloignés.

VIII.

LES POSTES DES DÉFENSEURS DE LA VILLE.

Dans la ville, les postes furent distribués comme s'ensuit :

Le Sr Jeannel, lieutenant civil au Baillage, fut posté à la porte de la tour Truchot. Cette tour sert à présent de prison, auprès de laquelle il y avoit alors une porte pour sortir de la ville.

Le capitaine Viserny, les sieurs Martene et Delettre à la porte dijonnoise.

Un officier avec les Srs Pelletier et Perrier au corps de garde de Bernard.

Un officier avec le Sr Poussis, procureur syndic de la ville, à la demie lune de la muraille, entre la porte dijonnoise et la tour ; ce fut l'endroit de la principale attaque et où le canon fit brèche.

Les Srs Dumay, Joliclerc, Pierre, avec quinze hommes qui leur obéissoient, occupoient les crénaux entre la tour et la porte dijonnoise.

Les Srs Vaudrey, Boisot, Ramaille, avec pareil nombre d'hommes, occupoient ceux de la muraille entre la même porte et Bernard.

Desromans, lieutenant de Viserny, et le Sr Garnier avec vingt hommes, au bastion St Jean.

Un officier et un sergent au bastion de la tour.

Un lieutenant avec le Sr Bénigne Devillebichot au bastion de Bernard.

La chaussée entre le bastion St Jean et le bastion de la tour étoit deffendue par un lieutenant avec les Srs Antoine Puzin et Philibert Michelot.

L'autre chaussée, entre la porte dijonnoise et le bastion de Bernard, par un sergent et par le Sr François Verderet.

Un capitaine avec les sieurs Etienne Robin, Louhet, Pointrot, Millot et Denevers furent postés à la dernière porte qui sortoit hors de la ville.

Les Srs Desgranges et Lâpre commandoient à 15 hommes qui étoient destinés à courir où les besoins seroient les plus pressants.

Un capitaine commandoit la grande garde au millieu de la place.

Barette, major, occupa le poste le plus avancé hors la ville, sur la levée en deçà du pont de St Usage, où il avoit fait faire un bon retranchement remparé de tonneaux remplis de terre; il commandoit à vingt hommes tant habitans que soldats.

Les postes ayant été ainsi distribués, chacun s'y rendit avec diligence, officiers, soldats, habitans, tous en disposition de faire une belle résistance. Ceux qui restèrent, sans avoir des postes marqués, étoient destinés à relever les soldats ou les habitans fatigués, et à remplacer les morts ou blessés dans les différentes attaques.

Le sieur du Magny et le Sr de Frémont son fils, les sieurs de Montfleury, de Lacoste et Petitjean qui étoient venus volontairement pour deffendre la ville de St Jean de Lône, ne prirent aucun poste arrêté, se réservants pour les endroits où les besoins seroient plus pressants.

IX.

LES PÉRIPÉTIES DU SIÈGE.

D'abord les ennemis, en différentes attaques, gagnèrent et s'emparèrent successivement de tous les dehors de la ville; ensuite, en différentes autres attaques, ils forcèrent trois des quatre portes de la ville qui fermoient l'une sur l'autre, à la porte dijonnoise.

Du depuis, les assiégés firent une vigoureuse sortie sur l'ennemi, dans laquelle ils regagnèrent les trois portes et même le bastion St Jean, au delà duquel il fut repoussé, et lui enlevèrent le drapeau, qui est suspendu à la voûte de l'Eglise, avec quantité de grenades, de carcasses, de pots et de paniers à feu, desquels l'ennemi prétendoit se servir pour attaquer la quatrième et dernière porte.

Pendant tout le cours du siège, qui dura neuf jours avec des attaques et assauts à chaque jour, tant à la porte dijonnoise qu'au boulevard Bernard et à la brèche, la ville ne reçut aucun secours, sinon celui de 60 hommes accordé par Mr de la Motte Hodancourt.

Enfin les 1er et 2 novembre, il y eut deux assauts généraux donnés à la brèche, que le canon ennemi avoit faite, à chacun desquels assauts la ville faillit à être forcée, après quoi elle se trouva tellement épuisée de forces qu'il sembloit que si l'ennemi eût donné le lendemain un troisième assaut pareil, il auroit infailliblement réussi.

Mais, le soir du 2 novembre, à l'entrée de la nuit et une heure après le dernier assaut, le comte de Rantzau envoyé au secours de la place par Mgr le prince de Condé, après s'être fait jour et passage parmy les ennemis qu'il avoit rencontré, ayant passé par Auxonne, entra à St Jean de Lône par la porte du pont de Saône, à la tête d'un corps de 800 hommes de cavalerie. Le bruit de ce secours acheva de rebuter l'ennemi, qui leva le siège secrettement pendant la nuit suivante.

Le lendemain matin, 3 novembre, arriva encore dans la ville un autre secours de six compagnies du régiment de Conti infanterie, conduites par le Sr Descoutures ; le vicomte de Turenne étoit aussi en marche, à la tête d'une autre troupe, pour secourir St Jean de Lône ; mais, ayant appris en chemin que le siège étoit levé, il retourna à Dijon.

Les six compagnies du régiment de Conti restèrent en garnison dans la ville de St Jean de Lône, attendu que la précédente garnison étoit presque toute périe dans les différentes attaques du siège ; et la cavalerie du comte de Rantzau en sortit le même jour, 3 novembre, et alla joindre les troupes françoises et suédoises étantes en Bourgogne, commandées par les ducs de la Valette et de Veimar, lesquelles réunies se mirent à poursuivre quelques restes des ennemis dans leur retraite, et ne cessèrent de les harceler jusqu'à ce qu'ils fussent tout à fait hors de la province.

X.

LE DRAPEAU PRIS A L'ENNEMI.

On a dit que les habitans de St Jean de Lône avoient gagné un drapeau sur les ennemis, lequel, après la levée du siège, ils firent suspendre à la voûte du chœur de l'Eglise ; mais ils étoient si enchantés de voir ce glorieux trophée de leur victoire, qu'ils ne pensèrent point à sa conservation. Ce qui néanmoins eût été bien facile, en le faisant enveloper dans un fourreau pour le garantir de l'air et de la poussière. Cette précaution n'a été prise qu'à la dernière réjouissance de trentenaire, qui se fit en l'année 1766, mais c'étoit trop tard, car il est actuellement tout en lambeaux, sans qu'on y puisse distinguer ni couleur ni figure. Il y a cependant actuellement, c'est-à-dire en 1770, quelques-uns des plus anciens habitans, qui dans

— 50 —

leur jeunesse l'ont vû avec distinction de ses couleurs et figures, sans même qu'il y eût alors la moindre rupture. Parmy lesquels est le Sr Jean Louhet, procureur syndic de la ville, âgé de 80 ans, étant né en 1690, qui a dit qu'à la 2e trentenaire de 1696, il vit bien ce drapeau, mais qu'alors, n'étant âgé que de 6 ans, il ne fit attention ni à ses couleurs, ni à ses figures, mais qu'à la 3e trentenaire de 1726, comme il étoit alors âgé de 36 ans, il vit qu'aprez la descente de ce drapeau, on le porta en triomphe à l'Hôtel de ville ; que, comme il étoit chargé de poussière, on le développa et l'étendit sur le pavé de la grande salle, à l'effet de le pouvoir plus facilement (1) vergetter ; qu'il étoit alors tout entier et si ample qu'il occupoit presque tout le pavé de la salle, qu'il n'y avoit dessus ni peinture ni dorure, ni broderie, mais quantité de bandelettes de satin de diverses couleurs cousues ensemble et si artistement arrangées qu'elles formoient parfaitement figure d'un aigle aux ailes déployées, occupant toute l'étendue du drapeau, et représentant les armoiries de l'Empire (2).

XI

LES NOMS DES VAINQUEURS.

Dans un acte d'assemblée génerale des habitans de St Jean de Lône, du 5 décembre 1638, il avoit été délibéré qu'en conséquence du vœu précédamment fait par Mrs les Magistrats et les habitans, d'assister annuellement à une procession génerale, au jour que se doit

---

(1) Ms. de Martene.
(2) D'Allemagne. Ms. de M.

célébrer la fête et commémoraison de l'heureuse délivrance de la ville des ennemis de l'Etat, et pour assurer l'exécution des autres services de l'Eglise qui se font tous les ans, le même jour, en action de graces à Dieu de ladite delivrance, il en seroit passé contrat avec M^{rs} les prêtres curé et familiers, moyénant la rétribution de trois livres, deux sols, six deniers, qui leur seroit payée annuellement, rachetable pour une fois de la somme de cinquante livres, dans lequel contrat seroient nommés tous ceux ayant assisté audit siège.

On ne trouve pas que cette délibération ait eu effet, et quoique, tous les ans jusques à présent, le vœu ait été régulièrement exécuté. Il seroit à souhaiter néanmoins que l'on eût passé le contrat de fondation, qui auroit conservé les noms des personnes qui firent éclater si glorieusement leur vertu, courage et fidélité envers le Roi et la patrie, il eût été alors bien facile d'en faire un rôle ou catalogue exact et fidel, au lieu qu'à présent, c'est-à-dire, aprez la révolution de cent trente quatre années qui se sont écoulées depuis ce tems mémorable jusqu'à la présente année 1770 (1), la chose est extrèmement difficile, et même auroit été tout-à-fait impossible, si l'on n'eût pas eu le soin de conserver les anciens registres de l'Eglise, de la ville et du Jeu de l'arc (2), où les noms de tous ces genéreux deffenseurs de l'Etat et de la patrie se trouvent consignés.

On ne fera pas ici de distinction de quelques habitans fuyards, qui aprez avoir assez bien fait leur devoir, dans les premiers jours du siège, désespérants néanmoins que l'on pût (3) réussir à toujours repousser de si puissans

---

(1) Ms. de M.
(2) *Ibid.*
(3) De pouvoir réussir. Ms. D.

ennemis, se retirèrent de la ville avant le dernier assaut du 2 novembre ; cette distinction étant désormais vaine et inutile, puisque tous les habitans ont jouis, et jouissent également des bienfaits et privilèges à eux accordés par le roi Louis XIII, alors régnant, pour récompense du service signalé, par eux rendu à l'Etat, en arrêtant par leur fermeté les progrès de cette grande armée, et dissipant ses vastes projets par leur généreuse résistance.

Ainsi le *Catalogue* qui suit contiendra généralement les noms, surnoms et même les qualités et professions lorsqu'elles ont été désignées dans les registres, de tous ceux qui assistèrent au siège, ou qui par leur âge purent y assister, non seulement des hommes, mais encore des femmes et des enfans de l'un et l'autre sexe, puisque non seulement Messieurs Delamarre et Declumes, mais encore Dom Martene, religieux bénédictin, dans son voyage littéraire, l'auteur de la Vie de Madame de Pourlans, abbesse de Tart, au tems du même siège, l'auteur anonyme de la vie de la bienheureuse Marguerite du St Sacrement, religieuse carmelite à Beaune, laquelle vivoit au même tems, et généralement tous les auteurs qui ont parlé de ce fameux siège, attestent que les femmes et filles s'y deffendirent comme des lionnes, qu'elles y travaillèrent aussi bien que les hommes et n'y servirent guère moins ; que personne n'y fut inutile, et que tous, jusqu'aux enfans, s'y employèrent (1) sans relâche, et chacun suivant son pouvoir, excepté seulement quelques vieillards infirmes, femmes enceintes, et nourrices, qui de tems à autre alloient en l'Eglise paroissiale et prioient devant le très saint Sacrement, qu'on avoit laissé continuellement exposé sur l'autel

---

(1) Y travaillèrent Ms. D.

pour exciter la piété de ceux et celles qui auroient quelque tems de libre pour aller l'adorer, et lui demander les secours, les forces et les grâces si nécessaires au peuple de la ville, pour obtenir la victoire et la délivrance de la cruelle oppression où il se trouvoit.

§ 2.

Les personnes en charge.

I.

L'ÉTAT-MAJOR DE LA PLACE.

Il faut remarquer que l'Etat-Major et la garnison qui étoient à St Jean de Lône au tems du siège, y étant restés jusques en 1650, il est arrivé qu'en différens tems et successivement presque tous les officiers militaires ont été parrains aux baptêmes des enfans de la ville nouvellement nés; ce qui a donné lieu de trouver les noms et qualités de ces officiers dans le registre des baptêmes, dans lequel on a pareillement trouvé les noms de tous M^{rs} les prêtres qui pareillement ont été parrains en différens tems, et d'en faire les listes qui suivent.

II.

GOUVERNEMENT MILITAIRE DE LA VILLE EN 1636.

Messire Claude de Rochefort d'Ailly, écuyer, baron de St Point et de Senevet, comte de Montferrand, 1er capitaine au régiment de M. le prince de Conti et gouverneur pour le Roi en la ville de St Jean de Lône.

Noble Christophle de Machaut, seigneur de la Marche, capitaine de la 2ᵉ compagnie au même régiment, et lieutenant pour le Roi au gouvernement de la même ville.

M. Barette, natif de Dijon, major de la place en 1636, et M. de la Rochette en 1638.

M. Antoine Baufort, (marchand en la dite ville) (1), secrétaire de la chambre de Mʳ de Sᵗ Point.

III

GARNISON DE LA VILLE EN 1636.

Huit compagnies du régiment de M. le prince de Conti.

1ʳᵉ compagnie.

Capitaine, M. de Sᵗ Point, gouverneur.
Lieutenant, noble Antoine Boivaut.
Enseigne, M. Jacob de Saubusse.

2ᵉ compagnie.

Capitaine, Mʳ de Machaut.
Lieutenant, Mʳ Desrousseaux.
Enseigne, Mʳ Nicolas Mochet.

3ᵉ compagnie.

Capitaine, M. Pierre Mouchet.
Lieutenant, Mʳ Bénigne Devillebichot.
Enseigne, Mʳ Antoine Mochet.

4ᵉ compagnie.

Capitaine, Mʳ de Drassy.
Lieutenant, Mʳ de Bochetel.
Enseigne, Mʳ Bénigne Barangey.

---

(1) Ms. de M.

5ᵉ compagnie.

Capitaine, Mʳ des Essarts.
Lieutenant, Mʳ d'Olive, sieur de la Pesche.
Enseigne, Mʳ Bonaventure Girot.

6ᵉ compagnie.

Capitaine, Mʳ Viserny.
Lieutenant, Mʳ Desromans.
Enseigne, Mʳ Antoine de Perigny.

7ᵉ compagnie.

Capitaine, Mʳ de Villette.
Lieutenant, Mʳ Jean de Saubusse.
Enseigne, Mʳ ....

8ᵉ compagnie.

Capitaine, Mʳ de Torcy.
Lieutenant, Mʳ Bonjour de Belhôtel.
Enseigne, Mʳ ....

Notez que la compagnie de Mʳ Sommieure d'Ampilly n'étoit pas au siège de la ville, qu'il ne l'y amena que quelques années aprez, lorsqu'il fut pourvu de la lieutenance au gouvernement de la ville, en place du Sʳ de Machaut.

IV

CLERGÉ DE LA VILLE EN 1636.

Au tems du siège, la cure de Sᵗ Jean de Lône étoit vacante par le décez de Mᵉ Alexandre de Balofert, docteur en théologie et curé, arrivé au mois de juin 1636, comme on le connoît par le registre des baptèmes au bas de chaque page duquel il a signé son nom jusqu'au dit tems ; son successeur immédiat fut Me Michel de Ladidurie, qui ne prit possession qu'au mois d'octobre 1638, et ne fut curé que pendant trois mois, ayant abandonné le bénéfice ou étant mort en janvier 1639, aprez quoi Me Hector Darcier, aussi prêtre et docteur en théologie, en prit possession au mois d'avril suivant.

1. Me Jean Faron, prêtre familier, fut parrain d'un enfant en 1625, et le fut encore, étant doyen de la Familiarité en 1637, étoit chevalier du Jeu de l'arc en 1639.

2. Me Bénigne Martin, bachelier es Saints-Décrets, prêtre familier et auparavant curé d'Esbarres, fut parrain en 1621 et en 1643.

3. Me Claude Louhet, prêtre familier, fut parrain en 1636 et en 1638, étoit curé de Lône et de St Symphorien en 1640.

4. Me Jean de Balofert, docteur en théologie, prêtre familier, fut parrain en 1634 et en 1641, étoit chevalier du Jeu de l'arc en 1649, fût bâtonnier de la confrairie de St Jean Baptiste en 1659, étant alors doyen de la Familiarité (1).

5. Me Lazare Dumay, prêtre familier, fut parrain en 1636 et en 1638.

6. Me Gabriel Gaillard, prêtre familier, fut parrain en 1627, encore parrain et curé de Pagny en 1647, mort familier en 1663.

M. Bénigne Mortallot, prêtre, vicaire en 1636, 1637, 1638 et 1639.

Autres ecclésiastiques, qui en leur bas âge ont vu le siège de la ville :

1. Me François Morlot étoit prêtre familier en 1642 et a

---

(1) Texte du ms. de M. seulement.

signé en cette qualité avec M^{rs} les autres prêtres curé et familiers l'acte baptistaire du fils de M^r de St Point, gouverneur de ladite ville, du 31 décembre 1642.

2. Me Jean Baptiste Breton étoit prêtre familier en 1656, suivant le catalogue des associés à la confrairie du St Sacrement auquel il se fit inscrire, lequel catalogue est inséré au registre des délibérations de la dite confrairie, chevalier du Jeu de l'arc en 1658.

3. Me Pierre Martene, né le 2 mars 1625, du depuis bachelier en théologie et prêtre familier, fut parrain en 1650, chevalier du Jeu de l'arc en 1656 et bâtonnier de St Jean (Baptiste) (1) en 1657.

4. Me Jean Gevrey, né le 1er avril 1630, du depuis prêtre familier, fut parrain en 1658, et bâtonnier de la confrairie de St Jean (Baptiste) en 1660, chevalier du Jeu de l'arc en 1658.

5. Me Bénigne Ramaille, né le 26 janvier 1634, du depuis prêtre familier et directeur spirituel de l'hôpital, fut parrain en 1658, bâtonnier de St Jean (Baptiste) en 1661.

6. Me Claude Garnier, né le 18 juin 1634, fut parrain en 1655, étoit prêtre familier en 1670, fut bâtonnier de St Jean (Baptiste) (2) en 1674.

7. Me Hugues Tixier étoit prêtre familier et vicaire en 1646, et, en ces qualités, baptisa un enfant et en signa l'acte du 11 septembre 1646.

8. Me Christophle Carpet étoit prêtre familier en 1647, et, en cette qualité, a fait un baptême et en a signé l'acte du 31 juillet 1647.

---

(1) Ms. de M.
(2) *Ibid.*, et ainsi de suite.

V

PAROISSE DU FAUXBOURG DE LÔNE EN 1636.

Il y a aux archives de l'Hôtel de ville de St Jean de Lône un mémoire faisant mention que le monastère et l'Eglise monachale et paroissiale de Lône furent démolis par ordre du Roi Louis XIII, au commencement de l'année 1636; et que les matériaux de ces bâtimens furent amenés à St Jean de Lône et employés par les mêmes ordres aux fortifications de la ville, qui consistèrent seulement en la construction du bastion de pierres. Mais cet ouvrage demeura imparfait, ayant été abandonné aprez la retraite des ennemis du duché de Bourgogne, levant le siège de St Jean de Lône (1).

La desserte de cette paroisse se fit du depuis dans la chapelle de Ste Geneviève, prez les halles de la dite ville; ce qui a continué ainsi jusques en l'année 1700, auquel tems fut bâtie l'Eglise de Lône qui existe actuellement (2). Mais, aprez la démolition de l'ancienne et du couvens, les religieux qui desservoient cette paroisse, habitèrent à St Jean de Lône; mais on n'a pu avoir les noms que de ceux qui furent parrains en quelques baptêmes d'enfans.

Me Bernard Michaud, prêtre, curé de Notre Dame de Lône, fut parrain en 1636.

Me Claude Louhet, prêtre, aussi curé de Lône aprez le sieur Michaut, fut parrain en 1640.

Dom Claude de Thoulorge, docteur en droit canon, sous-

---

(1) Texte du ms. de M. Celui du ms. D. est un peu abrégé.
(2) L'Eglise dont il s'agit a été rebâtie dans le milieu du XIXe siècle.

prieur et official de Lône, fut parrain en 1640, (étoit chevalier du Jeu de l'arc) (1) en 1643.

Dom Jean Baptiste Grangier, religieux et sacristain au prieuré de Notre-Dame de Lône, fut parrain en 1642.

VI.

OFFICIERS DU BAILLAGE DE S^T JEAN DE LÔNE EN 1636.

Noble Jacques Jannel, seigneur de Billey et Villars Rotin, lieutenant civil.

Mr Pierre Mochet, lieutenant criminel, vivoit en 1635, mort en 1636, avant le siège.

Mr Michel de Thoulorge, avocat du Roi.

Mr Jean Pelletier, procureur du Roi.

Me Jean Baptiste Trebillon, greffier.

Me Pierre Louhet, 1er huissier (2).

Me Jean Euvrard, 2^d huissier (3).

Me Jean Huguenet, 3e huissier (4).

Me Claude Poussis père, sergent général.

OFFICIERS DE LA PRÉVÔTÉ ROYALE DE S^T JEAN DE LÔNE EN 1636.

Noble Claude Morlot, prévôt et capitaine châtelain de Brazey (5).

Mr Claude Faron, procureur du Roi.

Me Claude Thomas, greffier.

---

(1) Ms. de M.
(2) Ligne omise dans le ms. D.
(3) Ce texte est fautif dans le ms. D.
(4) Texte également défectueux dans le ms. D.
(5) Cette ligne manque dans le ms. D.

Nota. — 1º Que cette prévoté royale depuis un tems immémorial n'existe plus, qu'on ne sçait de quelle matière cette juridiction avoit connoissance, qu'on présume seulement qu'elle a été ou supprimée ou réunie à la magistrature municipale, sans que l'on trouve aux archives de l'Hôtel de ville aucun acte qui fasse mention de cette suppression ou réunion (1).

2º Qu'en 1636 il n'y avoit point à St Jean de Lône de subdélégué de l'intendance de Bourgogne, attendu que cet office n'a été créé qu'au commencement de ce siècle par l'édit de Louis XIV, donné au mois d'avril 1704, lequel édit est transcrit au registre des délibérations de la chambre de ville.

3º Qu'en 1636 il n'y avoit point d'office de maire à St Jean de Lône, qu'à la vérité le Roi Louis XIII alors régnant, dans ses lettres patentes du mois de décembre de la même année, portant exemption de tailles, taillons, subsides et impositions quelconques en faveur des habitans de St Jean de Lône, leur avoit encore accordé le droit de se nommer un maire, à l'instar des grandes villes du Royaume, mais qu'ils n'usèrent point de ce privilège ; qu'enfin le Roi Louis XIV ayant donné son édit du mois d'août 1692, aussi enregistré au dit Hôtel de ville, portant création d'offices de maires perpétuels dans toutes les villes du Royaume, ce n'a été que depuis ce tems qu'à St Jean de Lône il y a toujours eu un maire à la tète de la magistrature municipale, en sorte qu'au tems du siège elle s'appelloit Echevinage, comme elle se nomme à présent Mairie.

---

(1) Ce premier alinéa se trouve seulement dans le ms. D.

VII.

OFFICIERS DE L'ÉCHEVINAGE EN 1636, AU TEMS DU SIÈGE.

Mr Pierre Bernier, procureur au Baillage, 1er échevin.
Mr Pierre Desgranges l'aîné, procureur, 2^d échevin.
M^l Jean Morel, notaire et procureur, 3e échevin.
Mr Pierre Lâpre, bourgeois, 4e échevin.
Mr Claude Poussis fils, procureur et syndic de la ville, mort le 15 septembre 1636.
Mr Claude Poussis père, procureur nommé syndic en place de son fils, (par délibération de la chambre du) (1) 16 septembre 1636.
Mr Claude Nivelet puîné, secrétaire et greffier héréditaire de l'Hôtel de ville.
Mr Jean Dumay, marchand et receveur de la ville.
Mr Claude Deffoux, notaire et procureur, substitut du procureur syndic.
Mr Jean Gaignet, commis greffier.
Simon Hutier, 1er sergent jusqu'au 24 août 1636.
Philibert Michel, 2^d sergent et trompette ordinaire de la ville.
Jean Guillaume, dit Brocard, nommé sergent le 24 août 1636 en place de Simon Hutier.

NOTA. — 1° Qu'il n'y avoit alors que deux sergens pour l'Echevinage, et que les deux autres sergens ne furent établis que lors de la création de l'office de maire, pour le précéder dans les marches de cérémonie, et le servir aux affaires du ministère publique. 2° Qu'en exécution d'un

---

(1) **Ms. de M.**

arrêt du parlement de Dijon, du 23 novembre 1629, enregistré en l'Hôtel de ville, aprez la nomination des nouveaux échevins, laquelle de tout tems s'est faite le 24 juin, jour de la fête de St Jean Baptiste, on faisoit encore tous les ans, dans une autre assemblée générale des habitans, une autre nomination de douze conseillers de ville, choisis parmy les notables de la dite ville, lesquels sieurs du Conseil ensuite de leur élection prêtoient serment entre les mains de M^{rs} les échevins, sur les réquisitions du procureur syndic.

VIII

LES DOUZE SIEURS DU CONSEIL NOMMÉS LE 5 JUILLET 1636.

Mr Baltazard Martene, ancien procureur et juge de Bonnencontre.

Mr André de Balofert, procureur et juge d'Echenon, mort avant le siège.

Mr Jean Delettre, bourgeois.

Mr Louis Passard, docteur en médecine.

Mr François Verderet, bourgeois, échevin en 1637.

Mr Claude Nivelet l'ancien, échevin en 1631, (grenetier au magasin à sel de la dite ville) (1).

Mr Jean Bataillon, notaire et procureur.

Mr Bénigne Devillebichot, maître en chirurgie.

Mr Philibert Michelot, marchand.

Mr Etienne Robin, bourgeois.

Mr Jean Dumay, marchand, receveur de la ville en 1636 et 1637.

Mr Bénigne Ramaille, marchand.

---

(1) Ms. de M.

§ 3

Observations préliminaires servant d'explication sur l'arrangement du Catalogue qui suit :

I

Ce Catalogue contiendra générallement tous les noms des hommes mariés et des garçons ainsi que ceux des femmes mariées, des veuves et des filles de tous âges qui se sont trouvés au siège, ou qui par leur âge pouvoient s'y trouver, lesquels noms seront rangés par ordre alphabétique, à l'effet d'y trouver promptement ceux que l'on y voudra chercher.

II

A chaque nom d'homme marié, on y trouvera tout de suite celui de sa femme et même ceux des autres femmes qu'il pourra avoir épousées en secondes, troisièmes et quatrièmes noces, tant avant, qu'aprez le siège ; et à l'égard des femmes mariées ou veuves, ce sera la même chose touchant les maris qu'elles auront eus en 1res, 2es ou 3es noces.

III

On voit, par le registre de l'Hôtel de ville, qu'en 1629 la ville fut fort affligée de la peste qui commença au mois d'octobre et dura pendant tout l'hiver de 1629 à 1630, qu'il en périt un grand nombre d'habitans, que quoique la plus grande rigueur de cette maladie eût cessé en 1630, il y eut néanmoins dans les années suivantes et jusqu'en 1637, plusieurs habitans qui en furent attaqués de tems à autre, dont quelques uns en moururent. Pour donc éviter de comprendre en ce Catalogue ceux qui moururent de la peste de 1629, on n'a recherché dans le même registre que les noms de ceux qui, ayant survécu au tems de cette contagion, parurent aux assemblées génèralles de l'Hôtel de ville, à compter depuis l'année 1630 seulement. Et à l'égard des femmes, on n'y a compris que celles qui par le registre de l'Eglise, ont été reconnues avoir survécu au tems de la peste de 1629 (1).

(IV 2).

Des observations précédentes il résulte 1° que les habitans qui ont parus aux assemblées devant et aprez le siège ont sûrement assisté au dit siège. 2° Que ceux qui n'ont parus aux assemblées qu'avant le siège, et dont on n'a point trouvé de marques de leur existence aprez le siège ni dans le registre de l'Eglise ni dans celui de la ville, (ni dans celui du Jeu de l'arc,) (3) ont vraisemblablement péris au siège; et de ceux-ci on en compte environ 150, ce qui fait voir combien le siège fut meurtrier, et combien la victoire que les habitans remportèrent leur coûta cher, puisqu'outre cela l'histoire du siège fait men-

---

(1) La note suivante figure dans le texte du ms. Dhetel, sous le n° 4.
« IV. — Au devant de quelques uns des noms d'hommes, on trouvera une petite barre perpendiculaire avec une ou deux étoiles placées aux cottés de cette barre. Lorsqu'il n'y aura qu'une étoile, si elle se trouve placée avant la barre, cela signifie que cet habitant ayant survécu à la peste de 1629, a paru aux assemblées génèralles de l'Hôtel de ville, dans les années suivantes avant le siège. Et si l'étoile seule se trouve placée aprez la barre, cela désigne que cet habitant, ayant survécu au tems du siège, a paru aux assemblées génèralles postérieures au même siège. »
Les signes dont il s'agit se trouvent en effet, dans le ms. Dethel, devant les noms qui les comportent. Nous avons préféré suivre, avons-nous dit, par rapport à ces indications, le texte du ms. de Martene, qui est plus clair et plus complet.
(2) Le n° 4 du ms. de Martene se trouve ainsi reculé d'un rang; il devient le n° 5, dans le ms. Dhetel.
(3) Ms. de M.

tion qu'une grande partie des soldats de la garnison y périt aussi, n'étant pas douteux que beaucoup des habitans de St Usage et d'Echenon, ainsi que des autres étrangers réfugiés en ladite ville, n'ayant éprouvé le même sort, indépendamment de ce que les femmes et filles s'étant souvent exposées aux plus grands dangers, avec un courage et une intrépidité étonnante, il est à croire qu'il en périt aussi un grand nombre ; mais on n'a pas pu les reconnaître comme les hommes, parce qu'elles ne paroissent jamais aux assemblées de l'Hôtel de ville.

V.

A l'égard des hommes qui n'ont parus aux assemblées qu'aprez le siège, c'étoient des gens ou qui avoient négligé d'y paroître auparavant, ou qui étoient trop jeunes avant le siège pour s'y trouver, n'étant pas d'usage que les jeunes gens y aillent.

VI.

Le plus ancien registre de l'Eglise, qui est celui dont on s'est servi, ne commençant qu'à l'année 1620, et ne comprenant uniquement que les actes de baptêmes sans aucun acte de mariage ni de sépulture, suivant l'usage d'alors qui a duré jusques en 1670, on n'a pas laissé de trouver dans les actes de baptêmes non seulement tous les noms des habitans tant hommes que femmes par les qualités de père et de mère, et celles de parrains et de marraines des enfans baptisés, mais encore les indications des mariages par les mêmes qualités de père et de mère, et celles d'un grand nombre de sépultures par les veuvages, et par les changements de maris, et les changements de femmes occasionnés par les seconds et troisièmes mariages, mais à la vérité sans qu'on puisse sçavoir les dattes précises ni des mariages ni des sépultures.

VII

Pour rendre ce Catalogue plus intéressant et moins chargé, on a eu le soin de n'y comprendre uniquement que les habitans de la ville, à l'exclusion non seulement des étrangers réfugiés, mais même des habitans d'Echenon et St Usage, quoiqu'ils ayent assisté au siège, et que ces derniers, comme étants de la même paroisse, se trouvent tous dans le registre de l'Eglise ainsi que ceux de la ville.

VIII

Pour les mêmes causes de l'article précédent, on a encore exclu de ce Catalogue tous les enfans de la ville nés depuis l'année 1620 jusqu'au tems du siège, à l'exception de ceux qui ont été reconnus avoir survécu au siège, attendu que les autres, que l'on n'a plus trouvés dans les registres jusqu'en 1660, sont censés être morts avant le siège et dans leur enfance, comme il arrive le plus souvent.

IX

Il faut encore observer que la garnison de la ville y étant restée pendant 14 ans aprez le siège, et que d'ailleurs la rigueur du même siège ayant laissé grand nombre de filles et de femmes veuves, M^r de St Point et les officiers de la garnison permirent à leurs soldats de s'y marier; ainsi on ne sera pas surpris de voir que l'on ait compris dans ce Catalogue quelques soldats de la garnison, puisque ce ne sont que ceux qui par leur mariage et famille étoient devenus habitans, tellement qu'aprez le tems de leur service fini, on les retrouve au registre de l'Eglise comme artisans et gens de métier.

X

On voit que la plus grande partie des familles qui existoient à St Jean de Lône au tems du siège se trouvent à présent éteintes, que les descendans de quelques autres ont passé dans les villes de Paris, Lyon, Dijon, Dôle, et autres villes et pays du Royaume, mais il en reste encore beaucoup à St Jean de Lône, qui sans doute se flattent agréablement de compter leurs ancêtres parmy les anciens vainqueurs des puissances de l'Europe, alors liguées contre la France, qui par le seul effet de leur courage et de leur intrépidité sans égalle, ont prosterné les forces de l'Empire et de ses alliés, et par leur généreuse résistance ont dissipé et conjuré ce fameux orage qui menaçoit tout à la fois et la province et l'Etat.

XI

Il est vrai que par l'effet de la roue de fortune, il pourra se faire que tel des habitans actuels se trouvant dans un état plus relevé et plus riche que celui de ses ancêtres au tems du siège, les méprisera peut-être, et ne se souciera de les connoître qu'autant qu'ils auront été d'un rang qui lui fasse honneur. Mais il auroit tort de le penser de la sorte, puisque la qualité seule de vainqueurs de l'ennemi et de deffenseurs de la patrie et de l'Etat qu'ils ont acquise les a élevés au dessus des autres rangs et des richesses, et que le simple soldat, quoique pauvre, qui se comporte vaillamment, est infiniment préférable à l'officier, quelque riche qu'il soit, qui ne montreroit que de la lâcheté dans les occasions d'acquérir de la gloire.

XII (1).

Le plus ancien registre du Jeu de l'arc, commençant à l'année 1638, qui étoit assez proche du tems de son établissement, on ne sera pas surpris de voir par le Catalogue qui suit, que parmy les chevaliers de ce Jeu, on en eùt admis anciennement de tous états et professions. Les raisons que l'on en peut conjecturer sont : 1° que la ville ayant donné le terrain qui fait l'emplacement du Jeu, on a vraisemblablement voulu que ce Jeu servît à la récréation de tous les habitans qui voudroient s'y exercer. 2° Que les droits de réception étoient si modiques, que pour peu qu'un artisan fût à son aise, il pouvoit facilement donner trente sols pour être reçu archer, et ensuite pareille somme pour être reçu chevalier. On se contentoit pour le recevoir qu'il fût homme de probité connue. On voit même par les anciens registres du Jeu, que quelques habitans, sans être archers ni chevaliers, ont été admis à tirer l'oiseau, sur leur simple promesse de se faire recevoir. D'ailleurs, ce n'est pas seulement dans les anciens tems, ni à St Jean de Lône seulement, qu'on a reçu chevaliers des artisans et gens de profession, puisque l'on a vu de nos jours, qu'au grand prix de province qui fut tiré à Chalon, en 1729, par les chevaliers d'arquebuses de 18 villes qui s'y trouvèrent, le prix, qui étoit un grand plat bassin d'argent, fut gagné par un chevalier de Chalon, qui étoit perruquier de profession.

---

(1) Ce n° manque tout entier dans le ms. Dhetel.

CATALOGUE ALPHABÉTIQUE

DES HABITANS DE S^T JEAN DE LÔNE, DE L'UN ET L'AUTRE SEXE, QUI ONT ASSISTÉ OU PUT ASSISTER AU SIÈGE DE LA DITE VILLE (EN 1636) (1), ENSEMBLE DE QUELQUES ÉTRANGERS AYANT ÉPOUSÉ DES PERSONNES QUI ONT ASSISTÉ AUDIT SIÈGE.

A

Claudine Adam, femme de Jean Moisson fils, mesureur (de grains) (2) et ensuite marguillier, fut marraine en 1636, vivoit en 1641.

Jean Alleriot vivoit en 1636, (parut au assemblées générales de l'Hôtel de ville, avant le siège, et non aprez) (3).

Sieur Jean André, marchand, étoit marié à D^{lle} Denise Perrier, en 1643.

Didier Argenteuil étoit marié à Claudine Bretinière, en 1631.

Jacques Arroux étoit associé à la confrairie du Saint-Sacrement en 1649.

Jean Aubriot, marchand cerclier, fut parrain en 1631 et en 1640, (parut aux assemblées de ville avant et aprez le siège) (4).

Baltazard Aubriot, manouvrier, fut parrain en 1646,

---

(1) Ms. de M.
(2) Ms. de M.
(3) Cette parenthèse manque dans le ms. D. Elle est remplacée par l'étoile avant la barre perpendiculaire.
(4) Même remarque pour toutes les mentions analogues qui suivent, et que nous ne citerons plus en note.

étoit marié à Denise Richard en 1655, parut aux assemblées génералles de l'Hôtel de ville avant et aprez le siège.

B

Jacques Bague vivoit en 1657, parut aux assemblées génералles de l'Hôtel de ville aprez le siège.

Guillemette Baillard, femme d'Antoine Clerc, couvreur, vivoit en 1642.

Magdelaine Bailly, femme de Baltazard Normand, soldat de la compagnie de Mr Mouchet, en 1647.

Sr Bénigne Baranger, maître chirurgien, (étoit chevalier du Jeu de l'arc en 1636, fut roi de l'oiseau en 1637, étoit) (1) enseigne de la compagnie de Mr de St Point, et marié à Dlle Pierrette Lescrivain, en 1639, parut aux assemblées génералles de l'Hôtel de ville avant et aprez le siège.

Jacques Baranger, (étoit) (2) mari de Françoise Nivelet en 1620, et de Françoise Micaut en 1635, fut parrain en 1638; il parut aux assemblées génералles de l'Hôtel de ville avant et aprez le siège.

Claudine Baranger étoit femme de Richard Petit, maître charpentier, en 1645.

André Barbier étoit marié à Françoise Martin en 1649.

Pierre Barbier, né avant l'année 1620, fut parrain en 1643.

Nicole Barbier fut marraine en 1635 et en 1636.

Marie Barbier étoit femme de Jean Parre, maître cordonnier, en 1634.

Elie Barbotin, marchand boucher, étoit marié à Denise Pecavet en 1637. Il parut aux assemblées génералles de l'Hôtel de ville aprez le siège.

---

(1) Ms. de M. seulement.
(2) Ms. de M.

Pierre Bardeau, maître boulanger, mari de **Philiberte Paha** en 1625, vivoit en 1639. Il parut aux assemblées générales de l'Hôtel de ville avant et aprez le siège.

Jeanne Bardeau, née le 20 avril 1629, femme de Claude Besançon, maître cordonnier, en 1653.

Claudine Bardeau fut marraine 1632.

D^{lle} Guillemette Baritet, femme du Sr Claude Brenot en 1628, vivoit en 1633.

Girard Barois, organiste, mari de Claudine Neron en 1635, fut parrain, le 25 février 1636, mort avant le siège.

Jean Barois, fils de feu Girard Barois, organiste, né le 1er novembre 1636.

André Barron, marchand potier d'étain, étoit marié à Nicole Mathieu en 1638, (chevalier du Jeu de l'arc en 1640, fut roi de l'oiseau en 1681) (1) et parut aux assemblées généralles de l'Hôtel de ville aprez le siège.

Thomas Barron étoit associé de la confrairie du St Sacrement en 1649.

Sr Claude Bassene, marchand tonnelier, étoit mari de Claudine Delettre en 1637, chevalier du Jeu de l'arc en 1638, parut aux assemblées de ville avant et aprez le siège.

Jean Bassene, marchand tonnelier, étoit mari d'Anne Granthibaut en 1625, et de Susanne Louhet en 1660. Il parut aux assemblées générales de l'Hôtel de ville avant et aprèz le siège.

Antoinette Bassene, femme de Claude Simon, batelier, en 1636, vivoit en 1638.

---

(1) Ms. de Martene. Il en est de même de toutes les indications analogues qui suivent. Inutile de les mentionner désormais en note.

Denise Bassene fut marraine en 1633, étoit femme de Louis Branchet, maître cordonnier, en 1652.

Jeanne Bassene, fille, vivoit en 1641.

Huguette Bassene, fille, fut marraine (d'un enfant) (1) en 1640.

Cécile Bassene, femme de Jean Frizon, marchand chapelier, en 1646.

Marguerite Bassot, femme de Philibert Simonot, maître boulanger, en 1631, vivoit en 1640.

Sr Claude Bataillon, né avant l'année 1620, vivoit en 1636, a paru aux assemblées de ville avant le siège et non aprez.

Sr Jacob Bataillon fut parrain en 1622, étoit procureur et mari de D^{lle} Charlote Desgranges en 1641, chevallier du Jeu de l'arc en 1643, parut aux assemblées génerálles de l'Hôtel de ville aprez le siège.

Sr Jean Bataillon père, notaire et procureur, mari de D^{lle} Marie Martene en 1621, vivoit en 1638; il parut aux assemblées de ville avant et aprez le siège.

Sr Jean Bataillon fils, né le 1er septembre 1626, fut parrain en 1651, étoit avocat et mari de dame Marguerite Melenet et fut bâtonnier de la confrairie de St Jean Baptiste (2) en 1680.

Pierrette Bataillon, femme de Jean Buliot en 1625, et d'Etienne Lescrivain, batelier, en 1644.

Marguerite Batard étoit femme de Claude Bouveret en l'année 1638.

Simon Bataut, soldat de la compagnie de M^r de St Point, étoit marié à Barbe Bidot en 1642.

---

(1) Ms. de Martene. Le ms. Dhetel ne porte presque jamais cette redondance. Remarque applicable à tous les cas semblables.

(2) Ms. de Martene. L'autre ms. dit simplement en pareil cas : bâtonnier de St Jean.

Louise Bateot, femme de Jean Virot, maître serrurier, en 1650.

René Baudoin, maître écrivain, fut parrain en 1540.

Louise Baudoin, femme d'Henri Petit, pescheur, en 1644, et de Gervais Breton, pescheur, en 1660.

Ursin Baudot, caporal de la compagnie de M^r de St Point, étoit marié à Jeanne Lebeuf en 1645, parut aux assemblées génératles de l'Hôtel de ville aprez le siège.

Baltazard Baudot étoit mari de Jeanne Boyer en 1638, et de Marguerite Defranc en 1639.

François Baudot fut parrain d'un enfant en 1636.

Claude Bauffey, maître tixier de toile (1), étoit marié à Claudine Cassote en 1638.

Claudine Bauffey, femme d'Antoine Puzin, marchand, fut marraine en 1624 et en 1640.

Benigne Bauffey, femme de Jacques Simonot, marchand, en 1621, étoit veuve du Sr Mutin, chirurgien, en 1650.

Sr Antoine Baufort, marchand et secrétaire de la chambre de M^r de St Point, mari de D^{lle} Marguerite Molesme en 1643. Il parut aux assemblées de ville aprez le siège.

Antoine Baufort, sergent de la compagnie de M^r de St Point, étoit marié à Jeanne Billocard en 1649.

Pierre Baumont, maître maçon, étoit marié à Françoise Frion en 1633, vivoit en 1638, parut aux assemblées génératles de l'Hôtel de ville avant et aprez le siège.

Sébastiene Baumont, femme de Simon Ratier, tourneur, en 1659.

Pierre Baunez, maître maçon, vivoit en 1658.

Baltazard Baut, maître boulanger, fut parrain en 1640.

---

(1) Tixier ou tissier, patois de tisserand.

Nicolas Baut, soldat de la compagnie de Mr Mouchet, étoit marié à Jeanne Chalon en 1646.

D^{lle} Claudine Bauté, femme du Sr Pierre Millot, procureur syndic en 1641.

D^{lle} Catherine Bauté, fille, fut marraine en 1641.

Jean Bauté fut parrain en 1646.

Anne Bauté, femme d'Antoine Bouchard, soldat de la compagnie de Mr Mouchet, en 1645.

Denis Bauvin, pescheur, fut parrain en 1640, marié à Jeanne Damote en 1643, à Françoise Bernot en 1647, et à Jeanne Verote en 1649. Il parut aux assemblées générales de l'Hôtel de ville aprez le siège.

Baltazard Bazard, manouvrier, vivoit en 1658. Il parut aux assemblées générales de l'Hôtel de ville aprez le siège.

Remy Bazin, tambour de la compagnie de M. Mouchet, étoit marié à Julienne Moisson en 1642. Il parut aux assemblées générales de l'Hôtel de ville aprez le siège.

Simone Bazot, femme de François Mauquin, maître tixier de toile, en 1660.

Sr Antoine Begin, marchand, étoit marié à D^{lle} Claudine Boissenet en 1633, et à D^{lle} Marguerite Boiteux en 1639. Il parut aux assemblées générales de l'Hôtel de ville avant et aprez le siège.

Jean Begin fut parrain d'un enfant en 1634.

Claudine Begin, femme de Jean Bruchard, huilier, en 1623, vivoit en 1641.

Claudine Begin, née le 22 janvier 1633, étoit femme de Claude Roch, maître cordonnier, en 1654.

Edme Belin étoit marié à Marie Champenois en 1635.

Pierre Belin, maître taquier (1), étoit marié à Claudine Dubois en l'année 1658.

Françoise Belin étoit femme de Bénigne Girodin, maître tixier de toile, en 1660.

Pierrete Belin, fille, fut marraine d'un enfant en 1636.

Marguerite Belin, veuve d'Etienne Souvert, fut marraine d'un enfant en 1633.

Guillaume Belon, maître cordonnier et soldat de la compagnie de M^r de St Point, étoit mari d'Anne Louhet en 1641. Il parut aux assemblées géneralles de l'Hôtel de ville aprez le siège.

Françoise Belon, fille, fut marraine d'un enfant en 1647.

Pierrette Belon étoit femme d'Etienne Rothier, soldat de la compagnie de M^r de St Point en 1643.

Jean Belorget fut parrain d'un enfant en 1647.

Pierre Belot étoit marié à Bénigne Huguenet en 1632, fut parrain en 1636, et parut aux assemblées géneralles de l'Hôtel de ville avant et aprez le siège.

Jean-Martin Belot vivoit en 1635. Il parut aux assemblées géneralles de l'Hôtel de ville avant le siège et non aprez.

François Belot, cordonnier, fut parrain en 1623 et en 1645.

D^{lle} Michele Bencton, femme du Sr Jean Delacroix, marchand, en 1642.

Lazare Benoit vivoit en 1635. Il parut aux assemblées génerales de l'Hôtel de ville avant le siège et non aprez.

Emilland Berger, manouvrier, étoit marié à Jeanne Finot en l'année 1660.

---

(1) Taquier, synonyme de cloutier, de taque, espèce de clou. V. Belmondi, *Code des Contributions directes*, Paris, 1818, p. 143. Cl. Littré, *Supplément au Dictionnaire de la langue française*.

Paul Berger, manouvrier, étoit marié à Guillemette Buisson en 1640. Il parut aux assemblées de ville aprez le siège.

Pierre Berger, maître cordonnier, étoit marié à Claudine Duval en l'année 1660.

Simone Bergerot, femme de Jean Lompré, maître tixier de toile, en 1659.

Françoise Bergerot, née le 24 may 1620, étoit femme de Denis Durand, maître cordonnier, en 1648.

Anne Bergerot, femme de Pierre Guibourg l'ancien, en 1632, vivoit 1637.

Claudine Berignot, femme de Jacques Lévêque en 1629, vivoit en 1638.

Jean Berlogier, soldat de la compagnie de Mr Mouchet, étoit marié à Denise Paton en 1646.

Bénigne Bernard étoit marié à Nicole Lucot en 1636, vivoit en 1637.

Blaise Bernard père, marguillier et mari de Barbe Paillerot en 1636, étoit chevalier du Jeu de l'arc en 1643 et sergent de ville en 1649. Il parut aux assemblées de ville aprez le siège.

Etienne Bernard fils, né avant l'année 1620, fut parrain d'un enfant en 1644.

Lazare Bernard étoit associé de la confrairie du St Sacrement en 1649.

Gaspard Bernard, marchand boucher, fut parrain en 1640.

Jeanne Bernard, femme d'Anne Ruynet, en 1626, vivoit en 1639.

Barbe Bernard, femme de Claude Gault, huissier, en 1622, vivoit en 1638.

Denise Bernard, femme de Jérôme Guillaume, dit Brocard, maître tixier de toile, en 1636, vivoit en 1648.

Antoinette Bernard étoit femme de Nicolas Lucot, sergent de l'échevinage, en 1638.

Sébastiene Bernard, fille, fut marraine en 1640.

Simone Bernard fut marraine en 1641, étoit femme de Jacques Rouillard, boulanger, en 1657.

Reine Bernard, femme de Léonard Masson, soldat de la compagnie de Mr Mouchet, en 1643.

François Bernard, maître serrurier, mari de Léonarde Deffey en 1631, vivoit en 1636. Il parut aux assemblées génerales de l'Hôtel de ville avant le siège et non aprez.

Sr Guy Bernardin, marchand, étoit marié à Dlle Huguette Cornot en 1638. Il parut aux assemblées de ville aprez le siège.

Elisabeth Bernardin fut marraine en 1632, étoit femme de Jean Chely, maître maçon, en 1637.

Isabelle Bernardin, fille, fut marraine en 1647.

Sr Pierre Bernier père, procureur, mari de Dlle Vivande Teurel en 1629, étoit échevin en 1636; il parut aux assemblées génerales de l'Hôtel de ville avant et aprez le siège.

Sr Jacques Bernier fils, étoit associé de la confrairie du St Sacrement en 1649.

Sr Pierre Bernier fils, fut parrain en 1631 et en 1657. Il parut aux assemblées génerales de l'Hôtel de ville avant le siège et non aprez.

Jacques Bernier, maître cordonnier, étoit mari de Marthe Vaudrey en 1637, mort en 1642. Il parut aux assemblées génerales de l'Hôtel de ville avant le siège et non aprez.

Claude Bernier, maître charpentier, étoit marié à Philippe Roy en 1660. Il parut aux assemblées génerales aprez le siège.

Jean Bernier, marchand boucher, étoit marié à Anne Martin en 1660.

Dame Elizabeth Bernier étoit femme du sieur Bénigne Laverne, avocat, en 1622, veuve en 1650.

D^{lle} Catherine Bernier, fille, fut marraine d'un enfant en l'année 1650.

D^{lle} Susanne Bernier, fille du Sr Pierre Bernier, avocat, fut marraine d'un enfant en 1631.

Bénigne Bernier, fille de Jacques Bernier, maître cordonnier, née le 2 may 1635, fut marraine d'un enfant en 1641.

D^{lle} Marguerite Bernier, fille du Sr Pierre Bernier, bourgeois et échevin, fut marraine d'un enfant en 1636.

Marie Bernier, femme de Claude Gaudelot, maître cordonnier, en 1644.

Sr Pierre Bertaut, soldat de la compagnie de Mr de Villette, étoit marié à D^{lle} Marie Lescrivain en 1644, chevalier du Jeu de l'arc en 1668, fut Roi de l'oiseau en 1671 et en 1683.

Antoinette Bertaut, femme de Jacques Legand, maître tixier en 1628, vivoit en 1633.

Claude Berthe, maître bourrelier, fut parrain en 1638, étoit marié à Françoise Moutrille en 1646. Il parut aux assemblées génerralles de l'Hôtel de ville aprez le siège.

Michele Berthe, femme de Claude Marlien, batelier en l'année 1638.

Pierrete Berthe, fille, fut marraine d'un enfant en 1647.

Pierre Berthe, maitre bourrelier, étoit marié à Bénigne Converset en 1658. Il parut aux assemblées de ville aprez le siège.

Jean Berthe, facteur des Allemans, étoit marié à Barbe Marmet en 1632.

André Berthe étoit marié à Claire Clerc en 1634.

D^lle Jeanne Bertheley, femme du Sr Nicolas Besançon, marchand, en 1623, vivoit en 1636.

D^lle Jeanne Berthelier, femme du Sr Philibert Oidelot, greffier et secrétaire de l'Hôtel de ville en 1638.

Antoinette Berthey, femme de George Buffet en 1629, vivoit en 1636.

Sr Germain Bertrand, écuyer, étoit marié à dame Marguerite Millot en 1653.

D^lle Jeanne Bertrand, femme du Sr Etienne Delafarney en 1638.

Marthe Bertrand, femme de Jean Rémond, marchand cerclier, en 1646.

George Beruchot étoit marié à Antoinette Mathey en 1633.

Sr Hilaire Besançon, notaire et procureur, fut bâtonnier de St Jean et étoit marié à D^lle Jeanne Devandenesse en 1625, mort en 1640; a paru aux assemblées de ville avant le siège et non aprez, chevalier du Jeu de l'arc en 1650.

Sr Nicolas Besançon père, marchand, mari de D^lle Jeanne Bertheley en 1623, vivoit en 1649, a paru aux assemblées génerralles de l'Hôtel de ville avant le siège et non aprez.

Sr Hilaire Besançon fils, né le 1er may 1625, étoit greffier au baillage et marié à D^lle Jeanne Devandenesse en 1652.

Claude Besançon, né le 15 octobre 1631, étoit maître cordonnier et marié à Jeanne Bardeau en 1653, a paru aux assemblées génerralles de l'Hôtel de ville aprez le siège.

Marguerite Besancenot, femme du Sr Pierre Mochet, lieutenant criminel au baillage, en 1623, vivoit en 1635.

Jeanne Besancenot fut marraine d'un enfant en 1644, étoit femme de Noël Magnien, batelier, en 1654.

Claudine Besancenot, fille, fut marraine en 1654 (1).

Dlle Denise Besançon, née le 2 décembre 1627, femme du Sr Jacob Laverne, procureur, en 1651.

Dlle Philiberte Besançon, fille, étoit associée à la confrairie du St Sacrement en 1649.

Eve Besançon étoit femme de Jean Petitjean, marchand boucher, en 1636.

Claudine Besançon, née le 21 avril 1624, fut marraine en 1660.

Claude Besandet, maître menuisier, étoit marié à Jeanne Guyon en 1660.

Pierre Beuchey vivoit en 1659, parut aux assemblées de ville aprez le siège.

Pierre Beuillot vivoit en 1658, parut aux assemblées de ville aprez le siège.

Robert Biarnet étoit marié à Denise Telerot en 1622 et à Denise Délicot en 1635. Il parut aux assemblées génèralles de l'Hôtel de ville avant le siège et non aprez.

Bonaventure Biarnet, maître boulanger, étoit marié à Dlle Susanne Denevers en 1659, étoit chevalier du Jeu de l'arc en l'année 1651.

François Biarnet, né avant l'année 1620, étoit boulanger et fut parrain d'un enfant en 1645.

Dlle Pierrette Biarnet, femme du Sr Claude Gault, marchand, en 1649.

Catherine Biarnet, née le 17 avril 1626, étoit femme de Louis Juillet fils, marchand cerclier, en 1655.

Sr Jean Bichon père, marchand, vivoit en 1641.

Sr Benigne Bichon fils étoit échevin, en 1641.

---

(1) Il y a, pour ces trois derniers noms, une interversion fautive dans le ms. D.

Barbe Bidot étoit femme de Simon Bataut, soldat de la compagnie de Mr de St Point, en 1642.

Sr Jean Etienne Bienaisez fut parrain en 1638.

Nicolas Bigot père, maître cordonnier, étoit mari de Claudine Viry en 1620, de Claudine Erny en 1623, et de Jacquette Boutailler en 1636. Il parut aux assemblées généralles de l'Hôtel de ville avant le siège et non aprez.

Claude Bigot fils, né avant l'année 1620, était cordonnier et fut parrain d'un enfant en 1638.

Antoine Bigot étoit associé à la confrairie du St Sacrement en 1649.

Dlle Antoinette Bigot, veuve du Sr Claude Lescrivain en 1636, étoit femme du Sr Claude Poussis père, huissier, en 1638.

Jeanne Bigotet, fille, fut marraine en 1638.

Jean Billan, maître tixier de toile, fut parrain en 1625, étoit marié à Denise Brisebarre en 1637. Il parut aux assemblées généralles de l'Hôtel de ville aprez le siège.

Claude Billan fut parrain d'un enfant en 1636.

Sébastiene Billan, femme de Mammez Billeret, maître tixier, en 1626, vivoit en 1638.

Vivande Billan, fille, fut marraine en 1643.

Denise Billan, fille, fut marraine en 1649.

Mammez Billeret, maître tixier, mari de Sébastiene Billan, en 1626, vivoit en 1638. Il parut aux assemblées généralles de l'Hôtel de ville avant et aprez le siège.

Mammez Billey étoit de la confrairie du St Sacrement en 1649.

Vivande Billeret étoit femme de Claude Paton en 1649.

Olive Billey, fille, fut marraine d'un enfant en 1650.

Jean Billocard, pâtissier, étoit mari de Claudine Germain

en 1628, vivoit en 1638. Il parut aux assemblées génóralles de l'Hôtel de ville avant et aprez le siège.

Jeanne Billocard étoit femme d'Antoine Baufort, sergent de la compagnie de M^r de St Point en 1649.

Edme Billotet, maître tixier de toile, fut parrain en 1642.

Nicolas Bizot vivoit en 1635.

François Bizot fut parrain en 1633.

Jeanne Bizian étoit femme de Pierre Euvrard, manouvrier, en 1655.

Sr Jacques Blevet, marchand, né avant l'année 1620, étoit chevalier du Jeu de l'arc en 1639, et parut aux assemblées génóralles de l'Hôtel de ville aprez le siège.

Philibert Blondeau, mari de Bénigne Nimet en 1621, fut parrain en 1638 et parut aux assemblées génóralles de l'Hôtel de ville aprez le siège.

Alexandre Blondeau, batelier, étoit marié à Marguerite Lemiel en 1643. Il parut aux assemblées génóralles aprez le siège.

Marie Blondeau, femme de Jacques Henriot, maître boulanger, en 1629, fut marraine en 1636 et en 1641.

Marthe Blondeau, femme d'Abraham Dumain en 1632, et de Vincent Juillet, marguillier, en 1649.

George Bluchot, manouvrier, étoit mari d'Etienette Seguin en 1629, et d'Antoinette Menetrier en 1642. Il parut aux assemblées génóralles avant et aprez le siège.

Philiberte Bobet, femme de Simon Martin, maître maçon, en 1637.

Etienne Bochot étoit marié à Elizabeth Fougère en 1636.

Claudine Bojanerote étoit femme de Jean Luc, manouvrier, en 1650.

Sr Jean Boichelet, marchand, étoit marié à D^{lle} Barbe Frion en 1637.

Dame Oudette Boileau, femme de noble Pierre Jannel, lieutenant civil au baillage, en 1638.

Marie Boillon, femme de Claude Carolet, marchand boucher, en 1649.

Pierre Boillot, mari de Claudine Paton en 1626, et d'Anne Vauthey en 1636, vivoit en 1642. Il parut aux assemblées génerallles aprez le siège.

Denis Boillot, maître boulanger, étoit marié à Catherine Dorisy en 1650. Il parut aux assemblées génerallles aprez le siège.

Marie Boillot, fille de Pierre Boillot, née le 18 juillet 1636, fut marraine en 1648.

Nicolas Boirin étoit marié à Jeanne Chalon en 1642.

Sr Antoine Boisot l'aîné, procureur et controlleur au grenier à sel, mari de D^{lle} Denise Clolus en 1621, fut parrain en 1634. Il parut aux assemblées génerallles de l'Hôtel de ville avant le siège et non aprez.

Sr Antoine Boisot puiné, procureur, mari de D^{lle} Pierrete Pelletier en 1634, vivoit en 1650. Il parut aux assemblées génerallles de l'Hôtel de ville avant et aprez le siège.

Sr Pierre Boisot père, procureur, mari de D^{lle} Françoise Michelot en 1624, fut parrain en 1638. Il parut aux assemblées génerallles de l'Hôtel de ville avant le siège et non aprez.

Sr François Boisot fils, procureur, étoit mari de D^{lle} Elizabeth Nivelet en 1650. Il parut aux assemblées génerallles de l'Hôtel de ville aprez le siège.

Sr Jacob Boisot étoit marié à D^{lle} Marie Léger en 1634.

Sr Jean Boisot père, marchand, mari de D^{lle} Claudine Morel en 1626, vivoit en 1656, mort en 1657.

Sr Jean Boisot fils, marchand, étoit marié à D^{lle} Geneviève Desgranges en 1660, étoit chevalier du Jeu de l'arc en 1686.

D^{lle} Marguerite Boisot, femme du Sr Pierre Lâpre, marchand en 1621 et échevin en 1636 (1).

D^{lle} Marguerite Boisot, née le 1er septembre 1624, étoit femme du Sr Philippe Simonot, marchand, en 1647.

D^{lle} Michele Boisot, née le 12 octobre 1634, fut marraine en 1641, étoit femme du Sr Demontherot, avocat, en 1650.

Claudine Boisot étoit femme de Leger Manchot, maître armurier, en 1652.

Etienne Boissenet père étoit mari de Claudine Visene en 1629, vivoit en 1636. Il parut aux assemblées génerailes de l'Hôtel de ville avant le siège et non aprez.

Etienne Boissenet fils, né avant l'année 1620, vivoit en 1632. Il parut aux assemblées de ville avant le siège et non aprez.

Jacques Boissenet fils, né le 18 juillet 1632, fut parrain d'un enfant en 1636.

Baltazard Boissenet, marchand batelier, étoit mari d'Honorée Bretenot en 1639, et de Françoise Lemiel en 1659. Il parut aux assemblées de ville aprez le siège.

Antoinette Boissenet, veuve de Hugues Roger, fut marraine d'un enfant en 1635.

Marguerite Boiteux, femme d'Antoine Begin, marchand, en 1634, fut marraine en 1640.

Jeanne Boiteux, femme de François Royer en 1636, et de Baltazard Martene, dit Desbarres, pescheur, en 1640.

Françoise Boiteux étoit femme de Jean Guibourg, marchand cerclier, en 1641.

---

(1) Ms. D., vivoit en 1636.

Sr Jacques Boivaut, trésorier de France, fut parrain en 1634 et en 1655.

Noble Antoine Boivaut, lieutenant au régiment de Conti, fut parrain en 1637.

Noble Claude Boivaut, avocat, fut parrain en 1638.

Sr Pierre Boivaut, receveur au grenier à sel, étoit marié à Dlle Nicole Mathey en 1630 et à Dlle Jeanne Guyet en 1649, parut aux assemblées devant et non aprez le siège.

Sr François Boivaut père, avocat, étoit marié à dame Denise Bretagne en 1630. Il parut aux assemblées génneralles de l'Hôtel de ville avant le siège et non aprez.

Sr Antoine Boivaut fils fut parrain en 1631.

Dlle Elizabeth Boivaut, fille, fut marraine en 1634.

Dlle Marguerite Boivaut, fille, fut marraine en 1621, et en 1635.

Gabriel Bolard, maître charpentier, étoit marié à Françoise Louis en 1660. Il parut aux assemblées de ville aprez le siège.

Jean Boniot, maître tixier de toile, fut parrain en 1652.

Marie Bon, femme de Jean Cuir, maître cordonnier, en 1646.

Jeanne Bon étoit femme de Jean Campenon en 1660.

Antoinette Bon, fille, vivoit en 1635.

Claude Bonée étoit associé à la confrairie du St Sacrement en 1649.

Claude Bonion, cordier, fut parrain en 1648.

Blaise Bonion, femme de Louis Bourée, soldat de la compagnie de Mr de Drassy en 1641.

Claude Bonin, maître boulanger, fut parrain en 1641. Il parut aux assemblées de ville aprez le siège.

Barbe Bonot étoit associée à la confrairie du St Sacrement en 1649.

Pierrette Bonot, fille, fut marraine en 1636.

Vivande Bordet, née le 31 octobre 1624, fut marraine en 1649.

François Bornet étoit marié à Claudine Vadot en 1636.

D^{lle} Jeanne Borthon, femme du Sr Pierre Desgranges l'aîné, procureur et échevin en 1636.

D^{lle} Juliene Borthon, femme du Sr Benigne Ramaille, marchand, en 1632, vivoit en 1636.

Guillemete Borthon étoit femme de Charles Guioty, en l'année 1632.

Jeanne Bossu étoit femme de Pierre Guibourg, manouvrier, en 1660.

Charlote Bossu, fille, fut marraine en 1645.

Antoinette Bouanelet, fille, fut marraine en 1650.

Antoine Bouchard étoit mari d'Oudette Guyet en 1631, et d'Anne Bauté, étant soldat de la compagnie du Sr Mouchet, en 1645.

D^{lle} Pierrette Marguerite Bouchard, née le 21 février 1631, étoit femme du Sr Jean Gaillard, procureur, en 1649.

Nicole Bouchard, femme de Jean Henriot, maître boulanger en 1621, vivoit en 1635.

Renaud Bouchot, maître tixier, étoit marié à Anne Flotard en l'année 1642.

Anne Boudran, fille, fut marraine en 1645.

Jean Bougaut père, marchand boucher, étoit marié à Jeanne Menetrier en 1620, et à Marthe Godin en 1634. Il parut aux assemblées de ville avant le siège et non aprez.

Jacques Bougaut fils, marchand boucher, étoit marié à Marguerite Moisson en 1629, vivoit en 1632. Il parut aux assemblées de ville avant le siège et non aprez.

Pierre Bougaut étoit marié à Reine Dumay en 1632, **vivoit en 1636.**

Claude Bougaut étoit marié à Barbe Rameau en 1636.

Nicole Bougaut, née le 29 juillet 1629, étoit femme de Jean Branchet, batelier, en 1648.

Claudine Bougaut étoit femme de Louis Friquet, soldat de la compagnie de M^r de St Point, en 1645.

Jean Bougon étoit marié à Claudine Pain en 1633.

Jeanne Bougueret étoit femme de François Coquillot, manouvrier, en 1646.

Sr Claude Boulanger, payeur des gens de guerre, étoit marié à Marie Lechat en 1631.

Sr Jean Baptiste Boulanger fut parrain en 1634.

Jean Boulée étoit marié à Vivande Gruet en 1633.

Marguerite Boulée, femme de Bernard Popion, fut marraine en 1636.

Pierre Boulet étoit marié à Philiberte Fucot en 1632.

Claudine Boulin étoit femme de François Garnier, maître tixier, en 1629, et d'Etienne Dumay en 1632.

Pierrete Boulin, fille, fut marraine en 1630 et en 1643.

Louis Bourée, soldat à la compagnie de Mr de Drassy, étoit marié à Blaise Bonion en 1641.

Didiere Bourelier, femme de Jean Bruillot en 1636, fut marraine en 1647.

Jacques Bourgoin étoit marié à Claudine Villeret en 1638.

Oudot Bourgoin étoit marié à Françoise Faillant en 1633.

Françoise Boursier, femme de Nicolas Dumay, tonnelier, en 1638.

Claudine Boursolet, fille, fut marraine en 1650.

Jean Bouscaut étoit marié à Anne Picard en 1633.

Claude Bouscaut, pâtissier, fut parrain en 1638.

Sr Jacques Bouscaut père, bourgeois, étoit mari de D^{lle} Françoise Visene en 1620, de D^{lle} Claudine Fremin en

1640, et de D^lle Marguerite Delacroix en 1646. Il parut aux assemblées génerralles de l'Hôtel de ville avant et aprez le siège.

Jacques Bouscaut fils, né le 18 mars 1624, fut parrain d'un enfant en 1643.

Gabriel Bouscaut fils, né le 28 janvier 1627, fut parrain d'un enfant en 1641.

Pierre Bouscaut fils, né le 20 octobre 1632, fut parrain d'un enfant en 1655.

Jean Bouscaut fils, né le 18 juillet 1634, fut parrain d'un enfant en 1639.

Philiberte Bouscaut, née le 20 août 1621, fut marraine en 1637 et en 1639.

Catherine Bouscaut, née le 4 janvier 1625, fut marraine d'un enfant en 1655.

D^lle Jeanne Bouscaut, femme du Sr Pierre Jannon le Jeune, marchand épicier, en 1626, vivoit en 1638.

D^lle Pierrette Bouscaut, fille, fut marraine en 1641.

Claude Bouserot étoit marié à Anne Jomarin en 1638.

Jacquette Boutailler, femme de Nicolas Bigot, maître cordonnier en 1636, vivoit en 1641.

Sr Jean Boutier, marchand, étoit marié à D^lle Marguerite Rémond en 1654.

Françoise Bouton étoit femme de Jacques Chenu, maître chaudronnier, en 1659.

Claude Bouveret étoit marié à Marguerite Batard en l'année 1638.

Claudine Bouvier, femme d'Antoine Duval, maître cordonnier, en 1636, vivoit en 1638.

Marguerite Bouvier étoit femme de Pierre Patureau en l'année 1650.

François Bouvot, maître tixier en toile, étoit marié à

Simone Renichon en 1639. Il parut aux assemblées généralles de l'Hôtel de ville aprez le siège.

Jean Bouvot, maître tixier en toile, étoit marié à Claudine Grapin en 1650.

Jacques Bouvot étoit hôte du logis du Paon en 1654. Il parut aux assemblées généralles avant et aprez le siège.

Denise Bouvot étoit femme de Jean Mussot, maître tixier, en 1648.

Antoinette Bouvot fut marraine en 1643, étoit femme de Pierre Maire, manouvrier, en 1650.

Louise Bouvot étoit femme de Claude Girardot, manouvrier, en 1640.

Jeanne Boyer étoit femme de Jean Louvet en 1621, et de Balthazard Baudot en 1638.

Jean Branchet père, pescheur, mari de Catherine Philippon en 1622, fut parrain en 1649. Il parut aux assemblées généralles de l'Hôtel de ville aprez le siège.

Jean Branchet fils, né le 22 novembre 1622, étoit batelier et marié à Nicole Bougaut en 1649.

Louis Branchet fils, né le 31 mars 1625, étoit cordonnier et marié à Denise Bassene en 1652, chevalier du Jeu de l'Arc en 1653, il parut aux assemblées de ville aprez le siège.

Claudine Branchet, née le 4 novembre 1624, étoit femme de Jean Cromarin, batelier, en 1659.

Oudette Branchet fut marraine en 1630, étoit femme de Claude Gelet, soldat, en 1650.

Philibert Bredillot fut parrain d'un enfant en 1646.

Pierre Bredillot, maître tixier de toile, étoit marié à Françoise Debilley en 1659.

Pierrette Bredillot fut marraine en 1647, étoit femme de Jean Quily, maître tixier, en 1650.

Sr Claude Brenot père, marchand, étoit marié à D^{lle} Guillemete Baritet en 1628, et à D^{lle} Pierrette Fremy en 1638. Il parut aux assemblées généralles de l'Hôtel de ville avant et aprez le siège, étoit chevalier du Jeu de l'arc en 1645 et fut roi de l'oiseau en 1656.

Pierre Brenot fils fut parrain d'un enfant en 1645.

Jacques Brenot étoit marié à Anne Larnaut en 1636.

Bénigne Brenot, manouvrier, mari de Nicole Delicot en 1632, vivoit en 1639. Il parut aux assemblées de ville aprez le siège.

Antoine Brenot fut parrain en 1648, étoit tambour de la ville en 1651.

François Brenot vivoit en 1657. Il parut aux assemblées généralles de l'Hôtel de ville aprez le siège.

Claudine Brenot étoit femme de Claude Mauvailler en l'année 1631.

Jeanne Brenot, femme de Balthazard Guibourg en 1632, vivoit en 1636.

Marguerite Brenot, femme de Jean Girod, maître serrurier, en 1632

Catherine Brenot, fille de Jacques Brenot, née le 21 septembre 1632, fut marraine en 1651.

Jeanne Brenot, fille de Claude Brenot, née le 22 may 1633, fut marraine en 1649.

Adriene Brenot étoit femme de Sébastien Clerc, caporal de la compagnie de M^r de St Point en 1638.

Anne Brenot, fille, fut marraine d'un enfant en 1646.

D^{lle} Marie Brenot, veuve de Pierre Girard en 1638, étoit femme de Sébastien Cavayer, maître boulanger en 1649, et du Sr Adrien Buidan, marchand épicier, en 1660.

Dame Denise Bretagne, femme du Sr François Boivaut, avocat, en 1631.

Honorée Bretenot, femme de Balthazard Boissenet, batelier, en 1639.

Claudine Bretiniere, femme de Didier Argenteuil en 1631.

Pierre Breton, manouvrier, étoit marié à Marguerite Dupatz en 1639.

Gervais Breton, pescheur, étoit marié à Louise Baudoin en 1660.

Etienete Breton, femme de Pierre Laramiste en 1635.

Claudine Breton, femme d'Antoine Ligier, manouvrier, en l'année 1640.

Marie Breton étoit femme de Jean Couche, maître tixier de toile, en 1660.

Sr Philippe Bricard, notaire royal, étoit marié à D^{lle} Marguerite Couvers en 1656, et chevalier du Jeu de l'arc en 1657. Il parut aux assemblées de ville aprez le siège.

Sr Robert Bricois, marchand, étoit marié à D^{lle} Barbe Rousselot en 1637, parut aux assemblées géneralles de l'Hôtel de ville aprez le siège, mort en 1653.

Sr Nicolas Bridier, procureur, fut parrain en 1634 et en 1636.

Sr Simon Bridier, marchand, étoit mari de D^{lle} Claudine Mougenot en 1624, vivoit en 1635, parut aux assemblées avant le siège.

Marie Brillon étoit femme de Claude Coulot, manouvrier, en 1650.

Claude Briot fut parrain d'un enfant en 1638.

Jacques Brisebarre, maître tixier de toile et sergent de ville, fut parrain en 1638, étoit mari de Léonarde Moron en 1640. Il parut aux assemblées géneralles de l'Hôtel de ville aprez le siège.

Denise Brisebarre fut marraine en 1635, étoit femme de Jean Billan, **maître tixier de toile en 1637.**

Jean Brocard étoit associé à la confrairie du St Sacrement en 1649.

Philibert Brolé, maître tixier, étoit marié à Anne Cassandre en 1641.

Jean Bruchard, huilier, étoit mari de Magdelaine Tissot en 1623, de Claudine Begin en 1641, et de Claudine Ligier en 1651. Il parut aux assemblées génèralles de l'Hôtel de ville avant et aprez le siège.

François Brugnon étoit marié à Elisabeth Guenet en 1645.

Louis Bruillot, mari d'Etienette Frion en 1623, vivoit en 1639. Il parut aux assemblées de ville avant et aprez le siège.

Philibert Bruillot, manouvrier, étoit marié à Guye Martene en 1631. Il parut aux assemblées de ville avant et aprez le siège.

Jean Bruillot, manouvrier, étoit mari de Louise Louhet en 1624, de Didiere Bourelier en 1636, et de Louise Cailletot en 1641. Il parut aux assemblées génèralles de l'Hôtel de ville avant et aprez le siège.

Claude Bruillot, manouvrier, fut parrain en 1632, étoit mari de Pierrete Huguenet en 1638, et à Denise Simon en 1650. Il parut aux assemblées de ville aprez le siège.

Denise Bruillot fut marraine en 1635.

Anne Bruillot, née le 6 juillet 1633, fut marraine en 1637.

Denis Brulé, pescheur, étoit marié à Etienette Corvoisey en 1648, et à Gervaise Provoisot en 1649.

Sr Jacques Brunot, hôte du logis du Paon, mari de Dlle Anne Villemin en 1632, vivoit en 1640. Il parut aux assemblées génèralles de l'Hôtel de ville avant et aprez le siège.

Dlle Catherine Brunot étoit femme du Sr Jean Carillon, marchand, en 1660.

D^{lle} Susanne Brusson étoit femme du Sr François Verderet, marchand et controlleur des traites foraines en 1637.

George Buchot étoit marié à Antoinette Denetry en 1636.

George Buffet étoit marié à Antoinette Berthey en 1629, vivoit en 1636.

Jeanne Buffet, femme de Claude Lebeuf, tourneur, en 1621, fut marraine en 1651.

Sr Adrien Buidan, marchand épicier, était marié à D^{lle} Marie Brenot en 1660.

Guillemette Buisson étoit femme de Paul Berger, manouvrier, en 1640.

Claudine Buisson, femme de Pierre Fournier en 1636, fut marraine d'un enfant en 1649.

Françoise Buisson étoit femme d'Emilland Maugirard en 1660.

Sr Pierre Burnon, marchand, étoit associé à la confrairie du St Sacrement en 1649.

Gaspard Buzier, marchand tixier de toile, étoit marié à Genevieve Clercelier en 1650.

C

Michele Cachot, femme de Jean Laisné, manouvrier, en 1621, vivoit en 1641.

Claudine Cachot, fille, fut marraine en 1632 et en 1641.

Magdelaine Cadieu étoit femme d'André Thomazot en 1649.

Louise Cailletot étoit femme de Jean Bruillot, manouvrier, en 1641.

Etienne Caillot, maître serrurier, mari de Jeanne Boudier en 1624, vivoit en 1635. Il parut aux assemblées généralles de l'Hôtel de ville avant le siège et non aprez.

Anne Caillot, née le 1er novembre 1624, fut marraine en 1648.

Jean Campenon, manouvrier, étoit marié à Jeanne Bon en 1660.

Thibaut Camus, marchand, fut parrain en 1644.

Claudine Canelot, fille, vivoit en 1633.

Louis Carrelet vivoit en 1650. Il parut aux assemblées généralles de l'Hôtel de ville aprez le siège.

Sr Philibert Carillon, marchand, étoit marié à Dlle Antoinette Maujardin en 1654.

Sr Jean Carillon, marchand, étoit marié à Dlle Catherine Brunot en 1660. Il fut bâtonnier de la confrairie de St Jean Baptiste en 1670, et parut aux assemblées de ville aprez le siège.

Claudine Cariot étoit femme de Jean Vauthey, sergent au régiment de Conti en 1640.

Louis Carlot, maître tixier de toile et soldat de la compagnie de Mr Mouchet, étoit marié à Claudine Sarron en 1646.

Claude Carolet, marchand boucher, étoit marié à Marie Boillon en 1646.

Denis Carnet, maître tixier, étoit marié à Denise Groperin en 1647. Il parut aux assemblées de ville aprez le siège.

Françoise Carnot étoit associée à la confrairie du St Sacrement en 1649.

Jean Cartey étoit marié à Jeanne Gault en 1638.

Nicolas Cartey vivoit en 1650. Il parut aux assemblées généralles de l'Hôtel de ville aprez le siège.

Jeanne Cartey étoit femme de Nicolas Maison, maître maçon, en 1660.

Anne Cassandre étoit femme de Philibert Brolé, maître tixier, en 1641.

Sr Denis Cassote, procureur d'office d'Aubigny, fut parrain en 1637.

Dlle Huguette Cassote, femme du sieur Claude Taffinot, maître chirurgien, en 1621, et du Sr Claude Thomas, greffier de la prévôté royale de St Jean de Lône, en 1637.

Claudine Cassote étoit femme de Claude Bauffey, maître tixier de toile, en 1638.

Sr Joachim Catoir, marchand, et garde de Mgr le duc d'Anguin, étoit mari de Dlle Marguerite Desgranges en 1638. Il parut aux assemblées de l'Hôtel de ville aprez le siège.

Antoine Catoir fut parrain en 1632.

Antoinette Catoir, fille, fut marraine en 1640.

Sébastien Cavayer, maître boulanger, mari de Jeanne Paha en 1634, de Légère Simonot en 1642, et de Marie Brenot en 1649, étoit chevalier du Jeu de l'arc en 1645, et parut aux assemblées génerálles de l'Hôtel de ville avant et aprez le siège.

François Cavayer, maître boulanger, fut parrain en 1640, étoit mari de Claudine Visene en 1646. Il parut aux assemblées génerálles de l'Hôtel de ville aprez le siège.

Jacques Chabert fut parrain en 1631.

Dlle Charlote Chabert, veuve du Sr Claude de St Père, fut marraine en 1631.

Catherine Chabert fut marraine en 1646.

Elisabeth Chabot étoit femme de Michel Mariote en 1635.

Jeanne Chalon, femme de Nicolas Boirin en 1642, et de Nicolas Baut, soldat de la compagnie de Mr Mouchet, en 1646.

Reine Chamberlan, femme de Simon Chapelier en 1632.

Claudine Chambon, femme de Guillaume Guenon, maître tixier de toile en 1634, fut marraine en 1639.

George Chamdavant, caporal de la compagnie de Mr de St Point, étoit mari de Guillemette Gavet en 1646.

Marie Champenois étoit femme d'Edme Delin en 1635.

Marie Champion étoit femme de Jean Cuir, maître cordonnier, en 1641.

Pierrette Chandelier, femme d'Antoine Chevalier, marchand, en 1633, et de Thibaut Jacqueret, maître bourrelier, en 1640.

Marie Chanon, fille, fut marraine d'un enfant en 1646.

Simon Chapelier étoit marié à Reine Chamberlan en 1632.

Alexandre Chapuis, soldat de la compagnie de Mr de St Point, étoit mari de Pierrete Quinard en 1646.

Claudine Chapuis, femme de Jacques Midy, soldat de la compagnie de M. de Torcy, en 1640.

Anne Chapuis, fille, fut marraine d'un enfant en 1642.

Sr Jean Charet, maître chirurgien, étoit marié à Dlle Marie Douhard en 1660.

François Charière vivoit en 1660. Il a paru aux assemblées générralles de l'Hôtel de ville aprez le siège.

Claude Chariere, mari de Jeanne Philippe en 1625, fut parrain en 1636, vivoit en 1658. Il a paru aux assemblées générralles de l'Hôtel de ville avant et aprez le siège.

Hypolite Chariere vivoit en 1657. Il a paru aux assemblées générralles de l'Hôtel de ville aprez le siège.

Anne Charles étoit femme d'Etienne Robert en 1635.

Sarra Charniot fut marraine en 1630.

Denise Charniot étoit femme de Claude Richard en 1633, et de Jean Michel, huilier, en 1642.

Philiberte Charniot étoit femme de Pierre Sauterot, munier (1) sur Saône, en 1633.

Denise Charniot, fille, fut marraine en 1633, étoit femme d'Antoine Maitrau, batelier, en 1660.

Denis Charnuot fut parrain d'un enfant en 1643.

Claude Charnuot vivoit en 1636. Il parut aux assemblées génerralles de l'Hôtel de ville avant le siège et non aprez.

Christophle Charnuot fut parrain en 1635, vivoit en 1639. Il parut aux assemblées de ville avant et aprez le siège.

Thomas Charon, maître armurier, étoit marié à Marie Thomassin en 1642.

Jeanne Charon étoit femme de Nicolas Voisin, maître tixier de toile, en 1649.

Sr Louis Charpy, avocat, étoit marié à dame Françoise Nivelet en 1658, étoit bailli au marquisat de Laperrière et fut bâtonnier de St Jean en 1678. Il étoit aussi chevalier du Jeu de l'arc en 1668, il fut roi de l'oiseau en 1688.

Françoise Chatenet étoit femme d'Etienne Dumay en 1630.

Jean Chatoillon fut parrain en 1636.

Claudine Chaudot étoit femme de Claude Clerc en 1633.

Joseph Chaupar, garde de sel, étoit marié à Marie Doin en 1642.

Abraham Chaupar, marchand boucher, était marié à Anne Gavinet en 1644.

Sr Antoine Chauveau, maître chirurgien, étoit marié à D^{lle} Claudine Millot en 1641. Il parut aux assemblées génerralles de l'Hôtel de ville aprèz le siège.

---

(1) Patois de meunier.

Elisabeth Chauveau fut marraine en 1646, étoit femme d'Antoine Pyrot, marchand boucher, en 1652.

D^lle Claudine Chauveau, fille du Sr Antoine Chauveau, maître chirurgien, fut marraine en 1645.

Claudine Chazum étoit femme d'Etienne Girard en 1638.

Claude Chely ou Cheti, maître cordonnier, mari de Jeanne Ligiot en 1622, vivoit en 1644, et étoit chevalier du Jeu de l'arc en l'année 1655. Il parut aux assemblées génerallies de l'Hôtel de ville avant et aprez le siège.

Jean Chely, maître maçon, mari d'Elisabeth Bernardin en 1635, vivoit en 1640, parut aux assemblées de ville aprez le siège.

Aaron Chely père, mari de Françoise Guillot en 1621, vivoit en 1636, mort en 1654. Il parut aux assemblées génerallies de l'Hôtel de ville avant le siège et non aprez.

Claude Chely fils, né le 20 juin 1621, étoit maître cordonnier et mari de Lucresse Damnicolas en 1649. Il parut aux assemblées génerallies de l'Hôtel de ville aprez le siège.

Jacquete Chenolon, femme de Jean Vaillomet, maître cordonnier, en 1644.

Jacques Chenu, chaudronnier, étoit marié à Françoise Bouton en 1659. Il parut aux assemblées de ville aprez le siège.

Dame Jeanne Chesne, femme du Sr Jean Pelletier, procureur du Roi au baillage en 1636, vivoit en 1639.

Valentin Chevalier, marchand mercier, étoit marié à Pierrete Bridier en 1620, et à Pierrete Chandelier en 1633. Il parut aux assemblées de ville avant le siège et non aprez.

Antoine Chevalier, marchand mercier, étoit marié à Françoise Gaudelin en 1640. Il parut aux assemblées génerallies de l'Hôtel de ville avant et aprez le siège.

D^lle Susanne Chevalier, femme du Sr Jean Dumay, marchand en 1620, vivoit en 1633.

Jeanne Chevalier fut marraine d'un enfant en 1640.

Jacques Chevalot, caporal de la compagnie de Mr de Drassy, étoit marié à Marguerite Mathey en 1641. Chevalier du Jeu de l'arc en 1670, il parut aux assemblées de ville aprez le siège.

Jacob Chevanot fut parrain d'un enfant en 1645.

Antoinette Chicaut étoit femme de Jacques Villote en l'année 1636.

Pierre Chifolet, marchand cerclier, étoit marié à Christine Lullier en 1660. Il parut aux assemblées génerralles de l'Hôtel de ville aprez le siège.

Claude Choin, maître cordonnier, étoit associé à la confrairie du St Sacrement en 1649.

François Choley étoit marié à Huguete Hachery en 1636.

Marcien Choquet, manouvrier, étoit marié à Claudine Pyot en 1644. Il parut aux assemblées de ville aprez le siège.

Jacques Choquet, tourneur en bois et astrologue, fut parrain en 1660.

Nicolas Chretienot, mari de Jeanne Thibaudot en 1620, vivoit en 1631. Il parut aux assemblées génerralles de l'Hôtel de ville avant le siège et non aprez.

François Clairau, maître charpentier, étoit marié à Philiberte Villeret en 1659. Il parut aux assemblées génerralles de l'Hôtel de ville aprez le siège.

Barbe Clairote fut marraine en 1636, étoit femme de Guillaume Martene, maître menuisier, en 1638.

D^lle Magdelaine Clavote, femme du Sr Antoine Boisot, procureur en 1636, étoit veuve en 1638.

François Clegy étoit marié à Jeanne Turel en 1633.

Claude Clerc étoit marié à Claudine Chaudot en 1633.

Balthazard Clerc père, mari de Françoise Oudier en 1627, vivoit en 1636.

Pierre Clerc fils, né le 18 décembre 1627, fut parrain en 1636 et en 1638.

Sebastien Clerc, caporal de la compagnie de M^r de St Point, étoit marié à Adrienne Brenot en 1638.

Jean Clerc, maître couvreur, étoit marié à Claudine Didier en l'année 1660.

Antoine Clerc, maître couvreur, étoit marié à Guillemete Baillard en 1642.

Jeanne Clerc étoit femme de Nicolas Bris en 1622, et de Nicolas Lemiel, manouvrier, en 1646.

Antoinette Clerc étoit femme de Claude Henry, maître boulanger en 1622, vivoit en 1639.

Marciene Clerc étoit femme de Pierre Lesvêque en 1638.

Marie Clerc étoit femme de Pierre Sauterot, munier sur Saône, en 1638.

Claire Clerc étoit femme d'André Berthe en 1634.

Claudine Clerc, fille, fut marraine en 1643.

Catherine Clerc, fille, fut marraine en 1647.

Pierrette Clerc fut marraine en 1649, étoit femme d'Henri Jofrin, maître maçon, en 1652.

Genevieve Clercelier fut marraine en 1644, femme de Gaspard Buzier, maître tixier, en 1650, et de Pierre Levasseur, maître tixier, en 1660.

Emillande Clerget étoit femme de Jacques Lenoir, soldat de la compagnie de M^r de St Point en 1641.

Jeanne Clochus fut marraine d'un enfant en 1642.

Louise Coissot, fille, fut marraine d'un enfant en 1642.

Jean Colle étoit marié à Huguette Hachery en 1638, mort en 1639.

Jean Comagene, sergent de la compagnie de M^r de St Point, étoit marié à Benigne Dion en 1632 et à Marthe Lemiel en 1638. Il parut aux assemblées génerailes de l'Hôtel de ville avant et aprez le siège.

Jeanne Compte étoit femme de Jérôme Sauvin, soldat de la compagnie de M^r de St Point en 1648.

Hugues Congrain vivoit en 1654. Il parut aux assemblées génerailes de l'Hôtel de ville aprez le siège.

Etienne Connevaux, marchand boucher, étoit marié à Catherine Vauthey en 1640.

Sebastien Connevaux fut parrain d'un enfant en 1650.

Anne Connevaux étoit femme de Nicolas Tubeuf, charron, en l'année 1660.

D^{lle} Marie Conroy étoit femme du Sr Claude Joliclerc, marchand, en 1629, vivoit en 1637.

Sr Etienne Constant étoit associé à la confrairie du St Sacrement en 1649.

Sr Hugues Constant étoit associé à la dite confrairie en 1649.

Sr Jacob Conte, né le 18 mars 1623, étoit avocat du roi au baillage, et marié à dame Catherine Martene en 1644, chevalier du Jeu de l'arc en 1650, parut aux assemblées génerailes de l'Hôtel de ville aprez le siège.

D^{lle} Marguerite Conte, fille, fut marraine en 1643.

Sr Claude Conte étoit avocat et marié à dame Anne Vaudrey en 1680, fut bâtonnier de la confrairie de St Jean Baptiste en 1681.

D^{lle} Guye Contesse, femme du Sr Claude Faron, notaire et procureur du Roi de la châtellenie royale de Brazey en 1629, fut marraine d'un enfant en 1640.

Sr Jean Convers étoit greffier de l'échevinage en 1659.

Dlle Marguerite Convers étoit femme du Sr Philippe Bricard, notaire, en 1656.

Pierrete Converset étoit femme de Claude Munier en 1638.

Claire Converset étoit femme de Claude Simon, batelier, en 1639.

Benigne Converset étoit femme de Pierre Berthe, maître bourrelier, en 1658.

Nicole Converset, fille, fut marraine en 1641.

Antoine Coppin, maître chapelier, mari de Jeanne Millot en 1636, fut parrain d'un enfant en 1638.

Jean Coquille fut parrain d'un enfant en 1649.

Michel Coquille étoit marié à Jeanne Dangaulthin en 1631.

François Coquillot, manouvrier, étoit marié à Jeanne Bougueret en 1646.

Pierre Coquillot, fournier, vivoit en 1659. Il parut aux assemblées générales de l'Hôtel de ville aprez le siège.

Claudine Coquillot étoit femme de Jean Mairet, tixier, en 1634, et de Laurent Detelme, tixier, en 1649.

Anne Coquillot étoit femme de Denis Gand, manouvrier, en 1622, et vivoit en 1642.

Mathurin Coraillon, soldat de la compagnie de Mr de St Point, étoit marié à Jeanne Delaplace en 1648.

Louis Corbillon fut parrain en 1635.

Françoise Corcenet, fille, fut marraine en 1632.

Gaspard Corde fut parrain en 1639.

Antoine Cordier étoit marié à Claudine Dubois en 1648.

Nicolas Cordier étoit marié à Jacquete Pauthier en 1649.

Dlle Huguete Cornot étoit femme du Sr Guy Bernardin, marchand, en 1638.

Jacques Cortot, marchand, fut parrain 1646, étoit marié à Barbe Taner en 1648.

D[lle] Nicole Cortot fut marraine d'un enfant en 1642, étoit femme du Sr Pierre Richier, marchand, en 1645.

Etiennette Corvoisey étoit femme de Denis Brulé, pescheur, en 1648.

Claudine Cotaignot, fille, fut marraine en 1644.

Jean Couche, maître tixier de toile, étoit marié à Marie Breton en 1660. Il parut aux assemblées de ville aprez le siège.

Denise Couche, femme de Martin Dumain, maître tixier, en 1633, fut marraine d'un enfant en 1638.

Pierrete Couche fut marraine en 1635, étoit femme de George Lucot, maître tixier, en 1638.

Philibert Couchey étoit marié à Pierrette Maldan en 1632.

Martine Coulon, fille, fut marraine en 1646.

Françoise Coulon, fille, fut marraine en 1637.

Claude Coulot, manouvrier, étoit mari de Marie Brillon en 1650.

Sr Jean Coustaut, marchand, fut parrain en 1622 et en 1638. Il parut aux assemblées de ville avant et aprez le siège.

Claude Coustaut fut parrain en 1630.

Sr Etienne Coustaut, marchand, étoit marié à D[lle] Marie Delorme en 1621, fut parrain en 1630, vivoit en 1636 avant le siège. Il parut aux assemblées génerralles de l'Hôtel de ville avant le siège et non aprez.

Philiberte Coustaut, née le 1er mars 1622, fut marraine en 1640.

Marie Coustaut, née le 22 avril 1627, fut marraine en 1637.

Christophle Creusot, maître tixier de toile, étoit marié à Anne Mauvailler en 1658. Il parut aux assemblées génératles de l'Hôtel de ville aprez le siège.

Jean Cromarin, batelier, étoit marié à Claudine Branchet en 1659.

Barbe Crotin, fille, fut marraine en 1649.

Jean Cry vivoit en 1656. Il parut aux assemblées génératles de l'Hôtel de ville aprez le siège.

Jean Cuir, maître cordonnier, étoit marié à Huguete Lambert en 1638, à Marie Champion en 1641, et à Marie Bon en 1646. Il parut aux assemblées de ville aprez le siège.

Geofroi Cuir, maître cordonnier, fut parrain en 1641.

Huguete Curat étoit femme de Laurent Grand en 1638.

Jean Curé vivoit en 1642.

Pierre Curé vivoit en 1650. Il parut aux assemblées génératles de l'Hôtel de ville aprez le siège.

Jean Cusin, marchand, étoit marié à Claudine Goillot en 1648.

George Cussey étoit associé à la confrairie du St Sacrement en 1649.

Louis Cussey étoit marié à Anne Gault en 1630, étoit associé à la confrairie de St Jean Baptiste en 1632, et parut aux assemblées génératles de l'Hôtel de ville avant le siège et non aprez.

Barbe Cussenot fut marraine en 1621, étoit veuve de Robert Lexcellent en 1633.

D.

Nicolas Dagueret, marchand cloutier, étoit marié à Claudine Pecot en 1630.

Pierre Dagueret, marchand cloutier, fut parrain en 1643.

Noble Claude d'Ailly de St Point, gouverneur, étoit marié à dame Anne de Lucinge, et fut parrain en 1638.

Jean Daller étoit marié à Claudine Parisy en 1621, vivoit en 1632. Il parut aux assemblées de ville avant le siège et non aprez.

Lucresse Damnicolas étoit femme de Claude Chely fils, dit le Chetif, maître cordonnier, en 1649, et de Benigne Lebœuf, maître serrurier, en 1654.

Anne Damote, femme de Guillaume Piron, maître chaudronnier, en 1621, vivoit en 1636.

Jeanne Damote, femme de Denis Bauvin, pescheur, en 1643.

Jeanne Dangauthin étoit femme de Michel Coquille en 1631.

Anne Dannaux étoit femme de Philippe Tureau, soldat de la compagnie de M^r de St Point en 1643.

Pierre Dantar, maître tixier de toile, fut parrain en 1646.

Anne Dantar, femme de François Gimelet, tixier de toile, en 1636, vivoit en 1640.

Didier Darc, maître maréchal-ferrant, mari de Martine Goudin en 1620, vivoit en 1630. Il parut aux assemblées génératles de l'Hôtel de ville avant le siège et non aprez.

Pierre Darmure, maître serrurier, mari de Marthe Lesvéque en 1636, vivoit en 1638. Il parut aux assemblées génératles de l'Hôtel de ville aprez le siège.

Sr André de Balofert, procureur, étoit marié à D^{lle} Françoise Martene en 1621, étoit du Conseil de la ville en 1636, mort avant le siège. Il parut aux assemblées de ville avant le siège.

Dame Jeanne de Balofert fut marraine en 1632, étoit

femme du Sr David Duvivier, lieutenant de M^r d'Ampilly en 1640.

Dame Marguerite de Balofert fut marraine en 1627, étoit femme de noble Claude Morlot, capitaine châtelain de Brazey, en l'année 1643.

D^{lle} Marie de Balofert fut marraine en 1624, étoit femme du Sr Pierre Delettre, bourgeois, en 1640.

Huguette Debarge étoit femme de Claude Guibourg en 1633, vivoit en 1638.

Pierre Debilley étoit marié à Françoise Maillot en 1634.

Françoise Debilley étoit femme d'Antoine Mion, manouvrier, en 1650, et de Pierre Bredillot, tixier, en 1659.

Vivande Debilley, fut marraine en 1633, étoit femme de François Paton, maître maçon, en 1650.

D^{lle} Florimond Debilly étoit femme du Sr Claude Guerard, receveur des traites foraines, en 1660.

Sr Edme de Bochetel, lieutenant de la compagnie de Mr de Drassy, étoit marié à dame Catherine Morisot en 1648, mort en 1649.

Jeanne Debonamour étoit femme de Jean Potier en 1639.

Jean Decharme vivoit en 1632. Il a paru aux assemblées génerales de l'Hôtel de ville avant le siége et non aprez.

Sr Jean Declumes, avocat et controlleur au grenier à sel, étoit marié à dame Antoinette Petitjean en 1655.

Sr Jacques Deffoux étoit associé à la confrairie du St Sacrement en 1649.

Sr Claude Deffoux, notaire et procureur, étoit marié à D^{lle} Marguerite Martene en 1633, et à D^{lle} Marguerite Degobillon en 1635, vivoit en 1637, mort en 1638. Il parut aux assemblées de ville avant le siége et non aprez.

D^{lle} Anne Deffoux fut marraine en 1641.

D[lle] Françoise Deffoux fut marraine en 1631 et en 1641.

Léonard Defleury fut parrain en 1650.

Marguerite Defranc étoit femme de Balthazard Baudot en l'année 1639.

Henri Defrancine fut parrain d'un enfant en 1634.

Philibert Degoa étoit marié à Etiennete Roch en 1635.

D[lle] Marguerite Degobillon, veuve du Sr Claude Deffoux, procureur, fut marraine en 1637, étoit femme du Sr Jean Baptiste Desrousseaux, capitaine, en 1650.

Sr Jacob Delabienne, greffier au baillage, fut parrain en 1645.

Nicolas Delaborde, manouvrier, fut parrain en 1641.

Noble Annibal de la Coste, seigneur de Trouhans, fut bâtonnier de la confrairie de St Jean Baptiste en 1616, fut parrain d'un enfant en 1621, vivoit en 1636, fut tué au siège.

Noble Charles de la Coste, seigneur de Trouhans et de Montfleury, étoit mari de dame Jeanne de Mâlain en 1641.

Dame Antoinette de la Coste étoit femme de noble Charles de Pontailler, seigneur de la Chaume, et fut marraine d'un enfant en 1641.

D[lle] Anne de la Coste fut marraine d'un enfant en 1632.

Sr Bernard Delacroix, entrepreneur des fortifications de la ville, fut parrain d'un enfant en 1641.

Sr Jean Delacroix, marchand, étoit marié à D[lle] Michelo Beneton en 1642, parut aux assemblées de ville aprez le siège.

Claude Delacroix, marchand bourrelier, étoit marié à Claudine Devotine en 1660.

Judith Delacuisine étoit femme de Jean Baptiste Gilles en 1636.

D[lle] Marguerite Delacroix étoit femme du Sr Jacques Bouscaut, bourgeois en 1646.

Sr Etienne Delafarnay étoit marié à D^lle Jeanne Bertrand en l'année 1638.

Sr Jean Delaplace étoit marié à D^lle Marie Petitjean en 1649. Il parut aux assemblées de ville aprez le siège.

Jeanne Delaplace fut marraine d'un enfant en 1642, étoit femme de Mathurin Coraillon, soldat, en 1648.

Sr Jean Delaporte, marchand drapier, étoit marié à D^lle Jeanne Magnien en 1660.

Jean Delarche fut parrain d'un enfant en 1637.

Marie Delarche, née le 13 avril 1631, fut marraine en 1650.

Léonard Delavaut, maître maçon, étoit marié à Anne Tombereau en l'année 1660.

Sr Jean Delettre, bourgeois, mari de D^lle Jeanne Boyer en 1626, et de D^lle Jeanne Dubois en 1635, étoit du conseil de la ville en 1636, et chevalier du Jeu de l'arc en 1640. Il parut aux assemblées de ville avant et aprez le siège.

Sr Pierre Delettre père, marchand, étoit marié à D^lle Marie de Balofert en 1631, fut parrain en 1637, chevalier du Jeu de l'arc en 1638, fut roi de l'oiseau en 1640 et parut aux assemblées de ville aprez le siège.

Sr Pierre Delettre fils, bourgeois, fut parrain en 1644, étoit marié à D^lle Jeanne Martene en 1655.

Sr Hilaire Delettre, avocat, fut parrain en 1633, lieutenant criminel au baillage en 1643, étoit chevalier du Jeu de l'arc en 1645 et mari de dame Jeanne Guibourg en 1647. Il parut aux assemblées génerales de l'Hôtel de ville aprez le siège.

Christophle Delettre, marchand cordonnier, mari de Françoise Visene en 1636, chevalier du Jeu de l'arc en 1638, vivoit en 1640. Il parut aux assemblées de ville aprez le siège.

Dame Anne Delettre, née le 18 décembre 1622, femme de noble Jacques Terrion, avocat et secrétaire du Roi, en 1650.

D^lle Claudine Delettre, fille du Sr Jean Delettre, bourgeois, fut marraine d'un enfant en 1634.

Jeanne Delettre fut marraine en 1621, étoit femme d'Etienne Villeret, soldat de la compagnie de M^r de St Point, en 1640.

Pierrette Delettre, fille, étoit associée à la confrairie du St Sacrement en 1649.

D^lle Claudine Delettre fut marraine en 1633, étoit femme du Sr Claude Bassene, marchand tonnelier, en 1637.

Jacques Delicot vivoit en 1630. Il parut aux assemblées génératles de l'Hôtel de ville avant le siège et non aprez.

François Delicot vivoit en 1659. Il parut aux assemblées génératles de l'Hôtel de ville aprez le siège.

Denise Delicot étoit femme de Robert Biarnet en 1635, et de George Lucot, maître tixier, en 1642.

Nicole Delicot, femme de Benigne Brenot, manouvrier, en 1632, vivoit en 1639.

Claudine Delicot, veuve de Robert Baranger, fut marraine en 1638.

Dame Anne de Lucinge, femme de noble Claude d'Ailly de St Point, gouverneur de la ville, fut marraine en 1638.

Claude Delucon, marchand, étoit marié à Jeanne Largeot en 1650.

Noble Christophle de Machaut, lieutenant du gouverneur de la ville en 1636, fut parrain en 1640.

Jean Demailly vivoit en 1636.

Dame Jeanne de Malain, femme de noble Charles de la Coste, seigneur de Trouhans et de Montfleury, fut marraine en 1641.

Jacques Demartinécourt vivoit en 1658. Il parut aux assemblées génóralles de l'Hôtel de ville aprez le siège.

Antoinette Denetry étoit femme de Georges Buchot en 1636.

Sr Samuel Denevers, marchand, a signé la délibération du 2 novembre 1636, étoit chevalier du Jeu de l'arc en 1638, mort en 1656. Il a paru aux assemblées génóralles de l'Hôtel de ville avant et aprez le siège.

Sr Jean Denevers, marchand, a signé les délibérations des 5 septembre 1636 et 17 juillet 1639, étoit chevalier du Jeu de l'arc en 1638, et tambour de la ville en 1661. Il parut aux assemblées génóralles de l'Hôtel de ville avant et aprez le siège.

Dlle Susane Denevers, femme de Bonaventure Biarnet, maître boulanger, en 1659.

Dlle Anne Deperancy, femme du Sr Alexandre Margeot, marchand drapier en 1635, vivoit en 1638.

Noble Charles de Pontailler, seigneur de la Chaume, étoit marié à dame Antoinette de la Coste en 1641.

Dame Guillemete Derequelaine, femme du Sr Pierre Dumay, avocat, fut marraine en 1638.

Sr Jean de Saubusse père, lieutenant de la compagnie de Mr de Villette, étoit marié à dame Charlote Girard en 1623, étoit chevalier du Jeu de l'arc en 1639, vivoit en 1640.

Sr Jacob de Saubusse fils, dit Delapesche, né le 4 novembre 1623, fut parrain en 1640, et marié à Dlle Marie Petitjean en 1660.

Dame Charlote de Saubusse étoit femme du Sr Pierre Martene, avocat en 1685.

Balthazard Desbarres fut parrain en 1638 (1).

---

(1) Probablement le même que Balthazard Martene, dit Desbarres, inscrit à la lettre M.

Sr Pierre Desgranges père, procureur, mari de D^{lle} Jeanne Borthon en 1630, échevin en 1636, et receveur au grenier à sel en 1638, étoit chevalier du Jeu de l'arc en 1650, et bâtonnier de la confrairie de St Jean Baptiste en 1664. Il parut aux assemblées de ville avant et aprez le siège.

Sr Pierre Desgranges fils, né le 22 septembre 1631, étoit procureur et marié à D^{lle} Claudine Millon en 1658. Il étoit chevalier du Jeu de l'arc en 1657 ; il fut bâtonnier de la confrairie de St Jean-Baptiste en 1686.

Sr Pierre Desgranges, marchand, fut parrain en 1638.

Sr Etienne Desgranges, marchand, étoit marié à D^{lle} Marguerite Pierre en 1658.

Sr Guillaume Desgranges, marchand, fut parrain en 1639.

Sr Claude Desgranges, marchand cordonnier, mari de D^{lle} Susanne Vaudrey en 1630, vivoit en 1649. Il parut aux assemblées génerralles des habitans avant et aprez le siège.

D^{lle} Marguerite Desgranges étoit de la confrairie du St Sacrement en 1649, femme du Sr Pierre Masson, marchand, en 1680.

D^{lle} Louise Desgranges, fille du Sr Pierre Desgranges, procureur, née le 7 janvier 1630, fut marraine en 1638.

D^{lle} Claudine Desgranges, fille du Sr Pierre Desgranges, procureur, née le 30 may 1633, fut marraine en 1638.

D^{lle} Barbe Desgranges, fille du Sr Pierre Desgranges, procureur, née le 16 novembre 1635, vivoit en 1650.

D^{lle} Geneviève Desgranges, femme du Sr François Pierre, notaire et procureur en 1638.

D^{lle} Marguerite Desgranges, veuve du Sr François Poulet, fut marraine en 1636 et femme du Sr Joachim Catoir en 1638.

D^{lle} Antoinette Desgranges, fille du Sr Pierre Desgranges. receveur au grenier à sel, fut marraine en 1650.

D^lle Geneviève Desgranges, fille du Sr Claude Desgranges, née le 11 février 1633, femme du Sr Jean Boisot, marchand, en 1660.

D^lle Charlotte Desgranges étoit femme du Sr Jacob Bataillon, procureur en 1641.

Pierrete Desgranges, femme de Pierre Louhet, maître cordonnier, en 1624, vivoit en 1636.

Antoinete Desgranges, veuve de Jean Renevey, maître cordonnier en 1635, fut marraine en 1638.

Claude Desmoulins père, maître cordonnier, mari d'Oudete Simonin en 1623, d'Oudete Germain en 1625, et d'Antoinette Pernet en 1634. Il parut aux assemblées génerales de l'Hôtel de ville avant le siège et non aprez.

Claude Desmoulins fils, né le 10 janvier 1627, étoit cordonnier et fut parrain d'un enfant en 1637.

Sr Jean Baptiste Desrousseaux, lieutenant de la compagnie de Mr de Machaut, fut parrain en 1638, étoit marié à dame Marguerite de Gobillon, étant capitaine en 1650.

Léonarde Dessey, femme de François Bernardin en 1631, vivoit en 1636.

Laurens Detelme, maître tixier, étoit marié à Claudine Coquillot en 1649.

Sr Michel de Thoulorges père, avocat du Roi au baillage, fut parrain d'un enfant en 1623, étoit marié à dame Claudine Gaillard et capitaine du Jeu de l'arc en 1638. Il parut aux assemblées génerales de l'Hôtel de ville avant et aprez le siège.

Jacob de Thoulorges fils, né le 14 juillet 1634, fut parrain d'un enfant en 1642; nommé capitaine du Jeu de l'arc en 1669 et roi de l'oiseau en 1670.

D^lle Jeanne de Vandenesse étoit femme du Sr Hilaire Besançon, notaire et procureur en 1625, veuve en 1640, et femme du Sr Hilaire Besançon, greffier au baillage, fils du Sr Nicolas Besançon, marchand, en 1652.

D^lle Antoinette Devaux étoit femme du Sr Jean-Baptiste Trebillon, commis greffier du baillage en 1635.

Baltazarde Devers étoit femme de Claude Richardot en 1631.

Claude Deville vivoit en 1650. Il parut aux assemblées génerralles de l'Hôtel de ville aprez le siège.

Sr Benigne Devillebichot, maître en chirurgie, étoit marié à D^lle Marguerite Patrouillet en 1628, et à D^lle Marguerite Levêque en 1641, étoit du conseil de la ville et contrôleur au grenier à sel en 1636, chevalier du Jeu de l'arc en 1639, et lieutenant de la compagnie de Mr Mouchet en 1640. Il parut aux assemblées de ville avant et aprez le siège.

Sr Jean Devillebichot, marchand apoticaire, étoit marié à D^lle Marguerite Simonot en 1636.

D^lle Marie Devillebichot étoit femme du Sr François Verderet, marchand et controlleur des traites foraines, en 1631.

D^lle Simone Devillebichot, née le 9 septembre 1630, fut marraine en 1640, vivoit en 1650.

D^lle Catherine Devillebichot, veuve du Sr Claude Javouhey, marchand en 1636, fût marraine en 1639.

Claudine Devotine étoit femme de Claude Delacroix, maître bourrelier, en 1660.

Claudine Didier étoit femme de Jean Clerc, maître couvreur, en l'année 1660.

Sr Claude Dion, maître chirurgien, mari de D^lle Jeanne Dumay en 1626, de D^lle Jeanne Jurain en 1628 et de D^lle Philiberte Paris en 1632, vivoit en 1636. Il parut aux assemblées génerralles de l'Hôtel de ville avant le siège et non aprez.

Bénigne Dion, femme de Jean Comagene, sergent de la compagnie de Mr de St Point en 1632, vivoit en 1638.

Claudine Dion étoit femme de Jacques Dutholier, sergent en la compagnie du Sr de Machaut, en 1638.

Claude Diot, manouvrier, étoit marié à Antoinette Fleurot en l'année 1645.

Catherine Doder, fille, fut marraine en 1639.

Marie Doin étoit femme de Joseph Chaupar, garde de sel, en l'année 1642.

Noble Louis d'Olive, Sr de la Pesche, lieutenant de la compagnie de Mr Viserny, fut parrain en 1643.

Philippe Dordone étoit mari d'Adriene Guenet en 1632, vivoit en 1637.

Catherine Dorisy, femme de Denis Boillot, maître boulanger, en 1650.

Dlle Marie Douard étoit femme du Sr Jean Charret, maître chirurgien, en 1660.

Jean Drouhin vivoit en 1639. Il parut aux assemblées génerralles de l'Hôtel de ville aprez le siège.

François Dubin, cordier, étoit marié à Claudine Formentin, en l'année 1638. Il parut aux assemblées de ville aprez le siège.

Marguerite Dubirot étoit femme de Jean Sire, batelier, en l'année 1649.

Jean Dubois, maître serrurier, étoit marié à Pierrete Valot en 1638. Il parut aux assemblées des habitans aprez le siège.

Nicolas Dubois, maître serrurier, étoit marié à Guye Girod en l'année 1655.

Dlle Anne Dubois, femme du Sr Jean Larnaut, marchand apoticaire, en 1628, vivoit en 1636.

Dlle Jeanne Dubois, femme du Sr Jean Delettre, bourgeois en 1635, et du S⁰ Claude Macier, maréchal des logis, en 1649.

Claudine Dubois, étoit femme d'Antoine Cordier en 1648, et de Pierre Belin, taquier, en 1658.

Hubert Duboisguerin vivoit en 1630.

Jean Dubreuil, portefaix, fut parrain d'un enfant en 1641.

Claude Dubreuil étoit marié à Claudine Seguin en 1634.

Denis Dufer étoit marié à Antoinette Vauterau en 1645.

Martin Dumain, maître tixier de toile, mari de Denise Couche en 1633, vivoit en 1638. Il parut aux assemblées générales de l'Hôtel de ville avant le siège et non aprez.

Abraham Dumain étoit marié à Marthe Blondeau en 1632.

Sʳ Jean Dumay, marchand, mari de Dˡˡᵉ Susanne Chevalier en 1620, étoit du conseil de la ville en 1636, receveur de la ville en 1636 et 1637; fut parrain d'un enfant en 1644. Il parut aux assemblées de ville avant et aprez le siège.

Sʳ Pierre Dumay, avocat, fut parrain d'un enfant en 1624, étoit marié à Dˡˡᵉ Guillemete Derequelaine en 1636.

Sʳ Claude Dumay fut parrain d'un enfant en 1653.

Etienne Dumay, mari de Françoise Chatenet en 1630, et de Claudine Boulin en 1632, fut parrain en 1636. Il parut aux assemblées de ville avant le siège et non aprez.

Nicolas Dumay, tonnelier, étoit marié à Françoise Boursier en 1638. Il parut aux assemblées générales de l'Hôtel de ville aprez le siège.

Catherine Dumay étoit femme de Nicolas Dumont en 1630.

Reine Dumay étoit femme de Pierre Bougaut en 1636, et de Claude Pousot, maître cordonnier, en 1638.

Sʳ Pierre Dumont étoit receveur de la ville en 1630. Il parut aux assemblées de ville avant le siège et non aprez.

Nicolas Dumont étoit marié à Catherine Dumay en 1630, fut parrain en 1638. Il parut aux assemblées générales de l'Hôtel de ville avant le siège et non aprez.

Jeanne Dumont étoit femme de Claude Viénet, maître taquier, en 1660.

Dlle Catherine Duneau, veuve du Sr François Michelot, marchand drapier, vivoit en 1649.

Marguerite Dupatz étoit femme d'Etienne Poulain en 1621, et de Pierre Breton manouvrier, en 1640.

Simone Dupatz, femme d'Etienne Ruynet en 1623, fut marraine d'un enfant en 1638.

Guillemete Dupatz étoit femme de Michel Rougeot, manouvrier, en 1650.

Anne Duprey étoit femme d'Etienne Vernier, batelier, en 1638.

Sr N. Dupuis étoit chevalier du Jeu de l'arc en 1645 (1).

Denis Durand, maître cordonnier, fut parrain en 1646, étoit marié à Françoise Ligier en 1647, à Françoise Bergerot en 1648 et à Pierrette Priollet en 1652. Il parut aux assemblées générales de l'Hôtel de ville aprez le siège.

Jacques Dutholier, sergent de la compagnie du Sr de Machaut, étoit marié à Claudine Dion en 1638. Il parut aux assemblées générales de l'Hôtel de ville aprez le siège.

Pierrette Dutraut, fille, fut marraine d'un enfant en 1636.

Antoine Duval, maître cordonnier, mari de Claudine Bouvier en 1636, fut parrain en 1638. Il parut aux assemblées générales de l'Hôtel de ville aprez le siège.

Claudine Duval étoit femme de Pierre Berger, maître cordonnier en 1660.

Sr David Duvivier, lieutenant de Mr d'Ampilly, étoit marié à dame Jeanne de Balofert en 1640.

---

(1) Ms. de M.

E

Jacques Estelier vivoit en 1656. Il parut aux assemblées généralles de l'Hôtel de ville aprez le siège.

Marguerite Etienne étoit femme de Jean Pirot, manouvrier, en 1660.

Jean Euvrard, huissier, étoit marié à Françoise Dion en 1620, vivoit en 1636. Il parut aux assemblées généralles de l'Hôtel de ville avant le siège et non aprez.

Pierre Euvrard, manouvrier, étoit marié à Jeanne Bisian en l'année 1655.

Claude Euvrard étoit marié à Huguette Estary en 1621, vivoit en 1644. Il parut aux assemblées de ville aprez le siège.

Marcienne Euvrard, femme de Jean Lescrivain, batelier, en 1623, vivoit en 1637.

Pierrete Euvrard, fille, fut marraine d'un enfant en 1636.

Emillande Euvrard, veuve de Claude Bonne, fut marraine d'un enfant en l'année 1639.

F

Françoise Faillant étoit femme d'Oudot Bourgoin en 1633.

Sr Claude Faron père, procureur du Roi en la prévôté royale de St Jean de Lône, et en la châtellenie royale de Brazey, étoit marié à D^{lle} Guye Contesse en 1625, étoit échevin en 1634, chevalier du Jeu de l'arc en 1639, vivoit en 1640. Il parut aux assemblées généralles de l'Hôtel de ville avant et aprez le siège.

Claude Faron fils, né le 22 janvier 1632, fut parrain en 1638.

Jeanne Faron, née le 1er may 1635, fut marraine en 1637.

Pierre Fautier, manouvrier, étoit marié à Marguerite Henriot en l'année 1652.

D^lle Marguerite Fenard étoit femme du Sr Jean Thomas, maître chirurgien, en 1660.

Etienne Ferrand étoit associé à la confrairie du St Sacrement en 1649.

Valentin Ferrand étoit marié à Antoinette Potot et fut bâtonnier de la confrairie de St Jean Baptiste en 1620, vivoit en 1631. Il parut aux assemblées de ville avant le siège et non aprez.

Sr Barthelemy Ferrand, marchand et tailleur d'habits, mari de D^lle Marie Pointrot en 1634, vivoit en 1658, était chevalier du Jeu de l'arc et fut roi de l'oiseau en 1638 et en 1657; il fut aussi bâtonnier de la confrairie de St Jean-Baptiste en 1632 et parut aux assemblées génératies de l'Hôtel de ville avant et aprez le siège.

D^lle Antoinette Ferrand, fille du Sr Barthelemi Ferrand, marchand, fut marraine d'un enfant en 1653.

Marguerite Ferrand, née le 8 décembre 1634, fut marraine d'un enfant en 1640.

Claude Fèvre, mesureur de grains, fut bâtonnier de la confrairie de St Jean Baptiste en 1639.

Louis Fèvre étoit marié à Elisabeth Momur en 1627, vivoit en 1635. Il parut aux assemblées génératies de l'Hôtel de ville avant le siège et non aprez.

Guillaume Fèvre étoit associé à la confrairie du St Sacrement en 1649.

Magdelaine Fèvre, femme de François Guillaume dit Brocard, maître tixier de toile, en 1636, vivoit en 1634.

Marguerite Fèvre, femme de Denis Prince, portefaix, en 1625, vivoit en 1640.

D^{lle} Marie Fèvre étoit femme du Sr Pierre Patrouillet, maître chirurgien, en 1641.

Barbe Fichefeu étoit femme de Denis Sauvin, manouvrier, en 1650.

Jacques Fichot, sergent de la compagnie de Mr Mouchet, étoit marié à Anne Proby en 1645.

Etienne Fichot, manouvrier, étoit marié à Etienete Huguenet en 1650.

Magdelaine Fichot, femme d'Henry Sarazin en 1636, vivoit en 1637.

Pierre Finot, garde de sel, fut parrain d'un enfant en 1650.

Jeanne Finot étoit femme d'Emilland Berger en 1660.

George Fleuchot, portefaix, étoit marié à Antoinette Maître en 1638.

Antoinette Fleuret étoit femme de Claude Diot, manouvrier, en 1645.

Antoinette Fleurot étoit femme de Claude Guyot, marchand boucher, en 1636, vivoit en 1638.

Léonard Fleury vivoit en 1650. Il parut aux assemblées géneralles de l'Hôtel de ville aprez le siège.

Jean Fleutot, cordier, étoit marié à Barbe Renevey en 1641. Il parut aux assemblées génerales de l'Hôtel de ville aprez le siège.

Anne Flocard (*alias* Flotard) étoit femme de Renaud Bouchot, maître tixier, en 1642.

Jean Floqueret, fils de Jean Floqueret, manouvrier, né le 28 mars 1627, fut parrain en 1644. Il parut aux assemblées génerales de l'Hôtel de ville avant le siège et non aprez.

Claude Floqueret fut parrain d'un enfant en 1635.

Claudine Floqueret, née le 11 may 1625, fut marraine d'un enfant en 1644.

Pierrette Floriot étoit femme d'Antoine Simon en 1638.

D^{lle} Philiberte Flutelot, femme du Sr Benigne Ramaille, marchand, en 1638, vivoit en 1650.

François Fomnez, maître serrurier, étoit marié à Marguerite Sordoillet en 1649, et à Marguerite Verdelet en 1653.

Claudine Formentin étoit femme de François Dubin, cordier, en 1638.

Elisabeth Fougere étoit femme d'Etienne Bochot en 1636.

Louis Fouillot, maître tixier, étoit marié à Claudine Gribon en 1660.

François Fouletier, maître tailleur d'habits, étoit marié à Jeanne Trard en 1643, et à Jeanne Girard en 1646. Il a paru aux assemblées génerales de l'Hôtel de ville après le siège.

D^{lle} Françoise Fouquier, femme d'Antoine Maitre en 1621, et du Sr Jean Girardenot, notaire au marquisat de la Perrière en 1649, veuve en 1650.

Pierre Fournier, mari de Claudine Buisson en 1636, fut parrain en 1645. Il parut aux assemblées génerales de l'Hôtel de ville avant le siège et non aprez.

Jean Fournier, vivoit en 1657. Il parut aux assemblées génerales de l'Hôtel de ville aprez le siège.

Claude Fournier, maître tixier de toile, étoit marié à Marguerite Marlien en 1634, et à Jeanne Picardot en 1650. Il parut aux assemblées génerales de l'Hôtel de ville avant et aprez le siège.

François Fournier vivoit en 1650. Il parut aux assemblées génerales de l'Hôtel de ville aprez le siège.

Marthe Fournier, femme de Denis Henriot en 1621, vivoit en 1630.

Claudine Fournier fut marraine d'un enfant en 1632.

Antoinette Fournier, née le 12 janvier 1636, fut marraine d'un enfant en 1649.

Philiberte Fourrey, femme d'Henri Visene, marchand, en 1631, fut marraine en 1636 et en 1640.

Guillaume François, maître cordonnier, étoit marié à Claudine Gault en 1646.

Jacques Fremi, fils de feu Pierre Fremi, né le 29 octobre 1620, fut parrain en 1643.

Etienne Fremi, maître bourrelier, mari de Claudine Tonnelier en 1624, de Jaquete Leclerc en 1633, et d'Anne Lescrivain en 1637, parut aux assemblées de ville avant et aprez le siège.

Claude Fremi, mari de Philiberte Visene en 1630, vivoit en 1634.

D^{lle} Pierrete Fremi (*alias* Fremy), femme du Sr Claude Brenot, marchand batelier, en 1638, vivoit en 1641.

Antoinete Fremi fut marraine en 1635, étoit femme de Pierre Parre, batelier, en 1638.

Anne Fremi fut marraine en 1643, étoit femme de Jean Munier, maître bourrelier, en 1657.

Catherine Fremi fut marraine en 1643, étoit femme de Jean Jobert, maître maréchal, en 1660.

Claudine Fremi, femme de Pierre Leroi, batelier, en 1621, vivoit en 1636.

D^{lle} Claudine Fremin fut marraine en 1638, étoit femme du Sr Jacques Bouscaut, marchand, en 1640.

Thomas Fremiot étoit marié à Charlote Martin en 1638.

Jeanne Fremiot fut marraine en 1630, étoit femme de Jean Thomas, maître cordonnier, en 1638.

Louise Fremiot étoit femme de Jean Lelache en 1632.

Louise Frerot, femme de Nicolas Granvaut, marchand, en 1632, étoit veuve et fut marraine d'un enfant en 1657.

Etienette Frion, femme de Louis Bruillot en 1623, vivoit en 1638.

Françoise Frion, femme de Pierre Baumont en 1633, vivoit en 1638.

Barbe Frion, veuve de Jean Floqueret père, en 1636, femme de Jean Boichelet, marchand, en 1637.

Louis Friquet, soldat de la compagnie de M^r de St Point, étoit marié à Claudine Bougaut en 1645. Il parut aux assemblées génerallés de l'Hôtel de ville aprez le siège.

Jean Frizon, marchand chapelier, étoit marié à Cécile Bassene en 1646. Il parut aux assemblées de ville aprez le siège.

Anatoile Frizon, fille, fut marraine en 1647.

Philiberte Fucot étoit femme de Pierre Boulet en 1632.

Claudine Fuliot étoit femme de Denis Tonnelier en 1638.

G

Pierre Gabot étoit marié à Jeanne Richard en 1635.

Jeanne Gabot fut marraine d'un enfant en 1635.

Sr Etienne Gaignet père, notaire et procureur, mari de D^{lle} Susanne Micaut en 1631, étoit procureur syndic en 1635, vivoit en 1638, chevalier du Jeu de l'arc en 1638, nommé enseigne du même Jeu en 1645. Il parut aux assemblées générales de l'Hôtel de ville avant et aprez le siège.

Sr Etienne Gaignet fils, notaire et procureur, vivoit en 1656, bâtonnier de la confrairie de St Jean Baptiste en 1667.

Pierre Gaignet fils, né avant l'année 1620, fut parrain en 1641. Il parut aux assemblées de ville aprez le siége.

Sr Jean Gaignet étoit commis greffier de l'Echevinage en 1636. Il parut aux assemblées de ville avant et aprez le siège.

Marciene Gaignet, fille du Sr Etiene Gaignet, notaire et procureur, née le 6 novembre 1634, fut marraine en 1636.

Jeanne Gaignet étoit femme de François Gavinet, maître bourrelier, en 1640.

Sr Gabriel Gaillard, né le 23 mars 1625, étoit maître chirurgien et marié à D^{lle} Anne Millot en 1651. Il parut aux assemblées génerralles de l'Hôtel de ville aprez le siège.

Sr Jean Gaillard, né le 18 novembre 1627, étoit procureur et mari de D^{lle} Pierrete-Marguerite Bouchard en 1649, et de D^{lle} Jeanne Jannon en 1680, étoit chevalier du Jeu de l'arc en 1649 et fut bâtonnier de la confrairie de St Jean en 1663. Il parut aux assemblées génerralles de l'Hôtel de ville aprez le siège.

Dame Claudine Gaillard, femme du Sr Michel de Thoulorges, avocat du Roi, en 1628, fut marraine en 1638.

Dame Marguerite Gaillard, femme du Sr Pierre Mochet, dit Delabeluze, en 1622, fut marraine en 1637.

D^{lle} Marguerite Gaillard, fille du Sr Jean Gaillard, marchand, fut marraine en 1624 et en 1641.

Hubert Gaimain, lieutenant des gardes de sel, étoit marié à Catherine Pointrot en 1657. Il parut aux assemblées génerralles de l'Hôtel de ville aprez le siège.

Denis Galland vivoit en 1636 et en 1639. Il parut aux assemblées génerralles de l'Hôtel de ville aprez le siège.

Nicolas Galli étoit marié à Marguerite Marlien en 1638.

André Gallot, mari de Charlote Petit en 1636, vivoit en 1639.

Jean Gallot fut parrain en 1646. Il parut aux assemblées généralles aprez le siège.

Denis Gand père, manouvrier, mari d'Anne Coquillot en 1622, vivoit en 1642.

Pierre Gand fils, né le 8 octobre 1628, fut parrain en 1642.

Antoine Gand fut parrain d'un enfant en 1643.

Denise Ganot étoit femme de Léger Porterot, manouvrier, en l'année 1643.

D^lle Jeanne Garandet étoit femme du Sr Pierre Guenon, marchand, en 1647, et du Sr François Savolle, marchand, en 1660.

Louise Gariot fut marraine en 1641, étoit femme d'Etienne Poissenot, soldat, en 1643.

Nicolas Garlois, manouvrier, étoit marié à Adrienne Simon en l'année 1657.

Jacques Garlois, manouvrier, étoit marié à Marguerite Simon en 1660.

Sr Christophle Garnier l'ancien, marchand boucher, mari de D^lle Marie Trebillon en 1620, et de D^lle Anne Borthon en 1629, vivoit en 1630. Il parut aux assemblées généralles de l'Hôtel de ville avant le siège et non aprez.

Sr Christophle Garnier le jeune, marchand, fut bâtonnier de la confrairie de St Jean Baptiste en 1610, étoit mari de D^lle Françoise Pierre en 1621, et de D^lle Anne Cadier en 1628, vivoit en 1633. Il parut aux assemblées généralles de l'Hôtel de ville avant le siège et non aprez.

Claude Garnier fils, né le 22 avril 1631, fut parrain en 1657.

Etienne Garnier fils, né le 1er août 1633, fût parrain en 1642.

Sr Claude Garnier père, marchand, fut bâtonnier de la confrairie de St Jean Baptiste, étoit mari de Dlle Marguerite Pignalet en 1612, de Dlle Benigne Guillemard en 1626, et de Dlle Antoinette Mol en 1633, vivoit en 1636, mort en 1638. Il parut aux assemblées de ville avant le siège et non aprez.

Sr Etienne Garnier, fils du Sr Claude Garnier, fut parrain d'un enfant en 1640, étoit marchand et marié à Dlle Michele Tardy en 1649.

Sr Etienne Garnier, apoticaire, fut parrain d'un enfant en 1633, étoit chevalier du Jeu de l'arc en 1638, fut bâtonnier de la confrairie de St Jean Baptiste en 1646 et étoit marié à Dlle Benigne Guisain en 1650. Il parut aux assemblées génerailes de l'Hôtel de ville aprez le siège.

Sieur Balthazard Garnier étoit associé à la confrairie du St Sacrement en 1649.

François Garnier, maître tixier de toile, étoit marié à Claudine Boulin en 1629, vivoit en 1630. Il parut aux assemblées génerailes de l'Hôtel de ville avant le siège et non aprez.

Denis Garnier a signé la délibération du 2 novembre 1636. Il parut aux assemblées de ville avant et aprez le siège.

Claudine Garnier, veuve de Philibert Grimbelin en 1621, fut marraine en 1643.

Dlle Nicole Garnier, femme du Sr Jacob Louhet, marchand, en 1634, fut marraine en 1637.

Jeanne Garnier, femme de Claude Guioty, marchand et joueur d'instruments, en 1632.

Marie Garnier, femme de Claude Leroux, maître cordonnier, en 1631, et de Mathieu Robert, menuisier, en 1638.

D^{lle} Claudine Garnier fut marraine en 1633, étoit femme du Sr Pierre Michelot, marchand et cordonnier, en 1650.

Jeanne Garnier, fille de feu Jean Garnier, fut marraine en 1634.

Claudine Garnier fut marraine en 1637 et en 1638.

Jean Gatel étoit marié à Marcienne Furot en 1625 et à Pierrete Verdelet en 1631. Il parut aux assemblées généralles de l'Hôtel de ville avant le siège et non aprez.

Jeanne Gatel étoit femme de Pierre Royer, fermier du four bannal, en 1630.

Pierrete Gaudelin étoit femme de Thibaut Jacqueret, maître bourrelier, en 1643.

Françoise Gaudelin étoit femme d'Antoine Chevalier, marchand mercier, en 1639.

Claude Gaudelot, maître cordonnier, étoit marié à Marie Bernier en 1644.

Claude Gavet étoit associé à la confrairie du St Sacrement en 1649.

Guillemette Gavet étoit femme de Georges Chandavant, caporal de la compagnie de M^r de St Point, en 1646.

Anatoile Gavet fut marraine en 1647.

Jean Gavinet, maître tixier, étoit marié à Claudine Guidot en 1647. Il parut aux assemblées de ville aprez le siège.

François Gavinet, maître bourrelier, étoit marié à Jeanne Gaignet en 1640. Il parut aux assemblées généralles de l'Hôtel de ville aprez le siège.

Jean Gavinet, batelier, étoit marié à Antoinete Rémond en 1660. Il parut aux assemblées de ville aprez le siège.

Claude Gavinet, batelier, fut parrain en 1647, étoit

marié à Philiberte Villeret en 1651. Il parut aux assemblées générales de l'Hôtel de ville aprez le siège.

Anne Gavinet étoit femme de Jacques Guibourg en 1634, et d'Abraham Chaupar, marchand boucher, en 1644.

Sr Claude Gault père, huissier, étoit marié à D^{lle} Benigne Puzin en 1622, et à D^{lle} Barbe Bernard en 1636, vivoit en 1638. Il parut aux assemblées générales de l'Hôtel de ville avant et aprez le siège.

Pierre Gault fils, né le 14 juillet 1622, fut parrain en 1638.

Sr Claude Gault, marchand, étoit marié à D^{lle} Pierrete Biarnet en 1649.

François Gault, maître d'école, étoit marié à Pierrete Germain en 1639.

Pierre Gault, maître pâtissier, fut parrain en 1626, étoit marié à Philiberte Martenc en 1640. Il parut aux assemblées de ville aprez le siège.

Baltazard Gault, maître boulanger, étoit marié à Anne Poccho en 1652. Il parut aux assemblées générales de l'Hôtel de ville aprez le siège.

Philiberte Gault, fille de Claude Gault, huissier, née le 8 décembre 1623, fut marraine en 1638.

Marguerite Gault, veuve de Guillaume Clerc, fut marraine en 1632.

Anne Gault, femme de Louis Cussey en 1630, et de Pierre Louhet, huissier, en 1638.

Henriette Gault fut marraine d'un enfant en 1633.

Jeanne Gault, femme de Jacob Jomarin, sergent de l'Echevinage en 1630, vivoit en 1638.

Claudine Gault étoit femme de Guillaume François, maître cordonnier en 1646.

Jeanne Gault étoit femme de Jean Louis en 1636,

de Jean Cartey en 1638, et de Jean Penuchot, maître maçon, en 1649.

Jean Gauthier étoit marié à Jeanne Ralte en 1638.

Jeanne Gauthier étoit femme de Jacques Granvaut, maître boulanger, en 1657.

Sr Antoine Gauveau, maître chirurgien, fut parrain en 1645.

Claude Gelet, soldat, étoit marié à Oudete Branchet en 1650.

D^{lle} Jeanne Genaudet, veuve du Sr Louis Girard, marchand, en l'année 1653.

Pierre Genot étoit de la confrairie du St Sacrement en 1649.

Sr Claude Germain père, marchand, mari de D^{lle} Marie Perrier en 1621, vivoit en 1637. Il parut aux assemblées génerallles de l'Hôtel de ville avant le siège et non aprez.

Sr Pierre Germain fils, né le 7 juin 1621, étoit praticien et fut parrain d'un enfant en 1641. Il parut aux assemblées génerallles de l'Hôtel de ville aprez le siège.

Sr Pierre Germain, marchand, mari de D^{lle} Marguerite Morel en 1623, fut parrain en 1645, étoit chevalier du Jeu de l'arc en 1649, et fut bâtonnier de la confrairie de St Jean Baptiste en 1666. Il parut aux assemblées génerallles de l'Hôtel de ville aprez le siège.

Claudine Germain, femme de Jean Billocard, pâtissier, en 1628, fut marraine en 1638.

D^{lle} Marie Germain, veuve du Sr Claude Poussis fils en 1636, étoit femme du Sr Philibert Michelot, notaire et procureur en 1638.

Pierrette Germain étoit femme de François Gault, recteur d'école, en 1639, et d'Antoine Renevey, maître cordonnier, en 1641.

D^lle Marguerite Germain étoit femme de Jean Joliclerc, marchand, en 1651.

Claude Gervais vivoit en 1650. Il parut aux assemblées génerálles de l'Hôtel de ville aprez le siège.

Etienne Gevrey étoit marié à Marthe Vaudrey en 1626, vivoit en 1631, et parut aux assemblées génerálles de l'Hôtel de ville avant le siège et non aprez.

François Gevrey fut parrain d'un enfant en 1634.

Claude Gevrey fut parrain d'un enfant en 1635.

Nicolas Gevrey, né le 25 février 1626, étoit marchand cordonnier et marié à Thomasse Sombelin en 1646, étoit chevalier du Jeu de l'arc en 1645, et fut roi de l'oiseau en 1649; il parut aux assemblées de ville aprez le siège.

Marie Gevrey, fille, fut marraine en 1633.

Pierrete Gevrey, fille, fut marraine en 1635.

Pierre Gicard, caporal de la compagnie de M^r de St Point, étoit marié à Denise Grimon en 1640.

Louise Gilet, femme de Jean Grapin, caporal de la compagnie de M^r d'Ampilly, en 1650.

Claude Gillebert vivoit en 1650. Il parut aux assemblées génerálles de l'Hôtel de ville aprez le siège.

Antoinette Gillebert étoit femme de Jean Laisné, manouvrier, en 1641.

Jean Baptiste Gille étoit marié à Judith Delacuisine en l'année 1636.

Jacques Gillot fut parrain d'un enfant en 1630.

Claudine Gillot, femme de Pierre Guibourg, maître maçon, en 1625, vivoit en 1636.

Claude Gimelet étoit marié à Barbe Paquot en 1627, fut parrain d'un enfant en 1636.

Pierre Gimelet fut parrain d'un enfant en 1638. Il

parût aux assemblées généralles de l'Hôtel de ville aprez le siège.

Emilland Gimelet, manouvrier, étoit marié à Marcienne Henriot en 1660.

Baltazard Gimelet fut parrain en 1638, étoit marié à Claudine Maranche en 1645.

Jean Gimelet, manouvrier, étoit marié à Pierrete Simonot en 1638.

François Gimelet, maître tixier de toile, étoit marié à Anne Dantar en 1636, vivoit en 1640. Il parut aux assemblées généralles de l'Hôtel de ville aprez le siège.

Philibert Gimelet vivoit en 1658. Il parut aux assemblées généralles de l'Hôtel de ville aprez le siège.

Jeanne Gimelet, née le 9 avril 1635, fut marraine d'un enfant en 1649.

Philippe Gimelet étoit femme de Louis Robelot, manouvrier, en l'année 1660.

Louis Girard, né le 9 avril 1622, étoit marchand et marié à Anne Genaudet en 1652, mort en 1653. Il parut aux assemblées généralles de l'Hôtel de ville aprez le siège.

Etienne Girard étoit marié à Claudine Chazum en 1638.

Nicolas Girard étoit marié à Claudine Henriot en 1639.

Jean Girard, maître tixier, mari de Marthe Morlot en 1624, vivoit en 1657. Il parut aux assemblées généralles de l'Hôtel de ville aprez le siège.

Dame Charlote Girard, femme du Sr Jean de Saubusse, lieutenant de la compagnie de Mr de Villette, en 1623, vivoit en 1640.

Jeanne Girard, femme de François Fouletier, maître tailleur d'habits, en 1646.

Claude Girardot, né le 28 août 1621, étoit manouvrier et marié à Louise Bouvot en 1649. Il parut aux assemblées géneralles de l'Hôtel de ville aprez le siège.

D[lle] Jeanne Girardot, née le 26 may 1624, étoit femme du Sr Pierre Guenon, marchand, en 1646.

Marguerite Girardot, fille, fut marraine d'un enfant en 1644.

Sr Jean Girardenot, notaire du marquisat de Laperrière, étoit mari de D[lle] Françoise Fouquier en 1635 et de D[lle] Denise Menetrier en 1636. Il parut aux assemblées géneralles de l'Hôtel de ville aprez le siège.

Benigne Girobin (*atius* Girodin), maître tixier de toile, étoit marié à Françoise Belin en 1660. Il parut aux assemblées génerallés de l'Hôtel de ville aprez le siège.

Pierre Girobin, mari de Claudine Gornet en 1629, vivoit en 1636. Il parut aux assemblées de ville avant le siège et non aprez.

Denis Girobin étoit associé à la confrairie du St Sacrement en 1649.

Pierre Girod fut parrain d'un enfant en 1634. Il parut aux assemblées géneralles de l'Hôtel de ville avant le siège et non aprez.

Oudot Girod, maître charpentier, mari de Jeanne Sauterot en 1625, vivoit en 1638. Il parut aux assemblées géneralles de l'Hôtel de ville avant et aprez le siège.

Jean Girod, maître serrurier, étoit mari de Marguerite Brenot en 1632, et de Louise Vautereau en 1648. Il parut aux assemblées génerallés de l'Hôtel de ville avant et aprez le siège.

Laurent Girod, maître charpentier, étoit marié à Jeanne Priollet en 1649. Il parut aux assemblées de ville aprez le siège.

Guye Girod, née le 18 avril 1634, étoit femme de Nicolas Dubois, maître serrurier, en 1655.

Jeanne Girod, fille d'Oudot Girod, maître charpentier, fut marraine d'un enfant en 1638.

Françoise Girod étoit femme de Jean Humbert, soldat, en 1646.

Sr Bonaventure Girod, enseigne de la compagnie de M. des Essarts, étoit marié à dame Anne Nicolas en 1642.

Sr Etienne Godard, marchand, mari de D^{lle} Claudine Robert en 1636, mort en 1637. Il parut aux assemblées de l'Hôtel de ville avant et aprez le siège.

Marthe Godin étoit femme de Jean Bougaut en 1634.

Jean Goillot, batelier, mari de Vivande Gruet en 1633, et de Vivande Marmet en 1636, parut aux assemblées génénalles de l'Hôtel de ville avant et aprez le siège.

Claude Goillot, mari de Baltazarde Lornet en 1633, vivoit en 1638.

Pierre Goillot, mari d'Anne Vaudrey en 1630, vivoit en 1634. Il parut aux assemblées de ville avant et aprez le siège.

Jacques Goillot fut parrain en 1630.

Jeanne Goillot, femme de Simon Hutier, batelier en 1634 et sergent de l'échevinage en 1636.

Huguette Goillot, femme de François Paton, maître maçon, étoit associé à la confrairie du St Sacrement en 1649.

Claudine Goillot étoit femme de Jean Cusin, marchand, en 1648.

Anatoile Golot, soldat de la compagnie de Mr de Machaut, étoit marié à Jeanne Juan en 1639.

Guillaume Gordeau, manouvrier, fut parrain en 1641.

Claudine Gorget, fille, fut marraine en 1637.

Philibert Goriot, marchand boucher, étoit marié à Philiberte Héliot en 1638. Il parut aux assemblées de ville aprez le siège.

Jacques Goriot vivoit en 1635. Il parut aux assemblées géneralles de l'Hôtel de ville avant le siège et non aprez.

Antoinette Goriot, fille, fut marraine d'un enfant en 1632.

Claudine Gornet étoit femme de Pierre Girobin en 1629 et fut marraine d'un enfant en 1641.

Mathieu Goudot, caporal de la compagnie de Mr Mouchet, étoit marié à Blaise Robin en 1640. Il parut aux assemblées géneralles de l'Hôtel de ville aprez le siège.

Germaine Goudot étoit femme d'Edme Modet, soldat de la compagnie de Mr Mouchet, en 1649.

Claudine Gouvenet étoit femme de Jean Grapin, soldat de la compagnie de M^r des Essarts, en 1642.

Laurent Grand étoit marié à Huguete Curat en 1638.

Pierre Grandchamp étoit marié à Pierrete Guyet en 1631.

Sr Pierre Grangier étoit marié à D^{lle} Jeanne Simonot en 1650, mort en 1655.

Dame Claudine Grangier étoit femme du sieur Jean Baptiste Hutet, lieutenant civil au baillage, en 1648.

Claude Granée vivoit en 1659. Il parut aux assemblées géneralles de l'Hôtel de ville aprez le siège.

Anne Granée étoit femme de Nicolas Maldan, marchand boucher, en 1650.

Françoise Granthibaut fut marraine en 1636, étoit femme de Claude Pointurier, maître tixier de toile, en 1642.

Anne Granthibaut, femme de Jean Bassene, tonnelier, en 1625, vivoit en 1639.

Nicolas Granvaut père, maître boulanger, étoit marié à Louise Frerot en 1632, fut parrain en 1637, mort en 1657. Il parut aux assemblées généralles de l'Hôtel de ville avant et aprez le siège.

Jacques Granvaut fils, né le 6 septembre 1634, fut parrain en 1638, étoit boulanger et marié à Jeanne Gauthier en 1657.

Jacob Granvaut vivoit en 1657. Il parut aux assemblées généralles de l'Hôtel de ville aprez le siège.

Louise Granvaut, née le 10 février 1636, fut marraine en 1642.

Claudine Granvaut étoit femme de François Renard, sergent en la compagnie de Mr d'Ampilly, en 1643.

Jean Grapin, soldat de la compagnie de Mr des Essarts, étoit mari de Claudine Gouvenet en 1642 et de Louise Gilet en 1650.

Claudine Grapin étoit femme de Jean Bouvot, maître tixier de toile, en 1650.

Bonaventure Gravier vivoit en 1658. Il parut aux assemblées généralles de l'Hôtel de ville aprez le siège.

Etienne Gribon, maître tixier de toile, étoit marié à Pierrete Chely en 1620, vivoit en 1630. Il parut aux assemblées généralles de l'Hôtel de ville avant le siège et non aprez.

Claude Gribon fut parrain d'un enfant en 1648.

Pierre Gribon, maître tixier de toile, mari de Philiberte Sarron en 1626, fut parrain d'un enfant en 1636, vivoit en 1638. Il parut aux assemblées généralles de l'Hôtel de ville avant et aprez le siège.

Antoinette Gribon, femme de Jean Baptiste Juillet, marchand cerclier, en 1624, fut marraine d'un enfant en 1641.

Claudine Gribon, née le 2 juin 1629, fut marraine d'un enfant en 1637, étoit femme de Louis Fouillot, maître tixier, en 1660.

Sr Philibert Grimbelin étoit associé à la confrairie du St Sacrement en 1649.

Denise Grimon étoit femme de Pierre Gicard, caporal de la compagnie de M^r de St Point en 1640.

Jean Grimpard étoit associé à la confrairie du St Sacrement en 1649.

Denise Groperin étoit femme de Denis Carnet, maître tixier de toile, en 1647.

Adam Gros, garde de sel, étoit marié à Nicole Tisserand en l'année 1650.

Vivande Gruet étoit femme de Jean Boulée en 1633.

Michele Gruisot étoit femme d'Etienne Tardy en 1633, vivoit en 1637.

Simone Gruote étoit femme de Nicolas Puzin en 1634, et de Nicolas Payen en 1638.

Marthe Guaidon étoit femme de Jean Penuchot, maître maçon, en l'année 1637.

Noel Guenée vivoit en 1657. Il parut aux assemblées généralles de l'Hôtel de ville aprez le siège.

Philibert Guenée vivoit en 1635. Il parut aux assemblées généralles de l'Hôtel de ville avant le siège et non aprez.

Balthazard Guenée vivoit en 1635. Il parut aux assemblées généralles de l'Hôtel de ville avant le siège et non aprez.

Claudine Guenet, fille, fut marraine d'un enfant en 1635.

Adriene Guenet étoit femme de Philippe Dordone en 1632, fut marraine d'un enfant en 1637.

Elisabeth Guenet étoit femme de Jean Guyot en 1636, et de François Brugnon en 1645.

Anne Guenier étoit femme d'Antoine Juillet en 1634, et de Claude Magny en 1639.

Guillaume Guenon père, maître tixier, étoit mari de Denise Dubordeau en 1620, et de Claudine Chambon en 1634, fut parrain d'un enfant en 1638. Il parut aux assemblées génerralles de l'Hôtel de ville avant et aprez le siège.

Sr Pierre Guenon fils, né le 16 juillet 1620, fut parrain d'un enfant en 1636, étoit marchand et marié à D^{lle} Jeanne Girardot en 1646, et à D^{lle} Jeanne Garandet en 1647, étoit chevalier du Jeu de l'arc en 1646, et fut roi de l'oiseau en 1648. Il parut aux assemblées de ville aprez le siège.

Claude Guenon étoit associé à la confrairie du St Sacrement en 1649.

Philibert Guenon, né le 4 may 1633, fut parrain en 1637.

Jeanne Guenon, née le 8 novembre 1634, fut marraine en 1637.

Marguerite Guenon, fille, fut marraine en 1635.

D^{lle} Marie Guenon, femme du Sr Philibert Louhet, marchand en 1632, fut marraine d'un enfant en 1638.

Françoise Guenon étoit femme d'Edme Vaudrey, manouvrier, en 1638.

Sr Claude Guerard, receveur des traites foraines, étoit marié à D^{lle} Florimond Debilly en 1660.

Antoine Guerin vivoit en 1657. Il parut aux assemblées génerralles de l'Hôtel de ville aprez le siège.

Jeanne Gueureux étoit femme de Nicolas Vater, manouvrier, en 1650.

Baltazard Gueuriet étoit marié à Claudine Picard en 1635.

Hilaire Guibourg étoit marié à Barbe Leroux en 1623, et à Claudine Oudier en 1633.

Philibert Guibourg, manouvrier, étoit mari d'Anne Goillot en 1627, d'Anne Gentot en 1628, et de Françoise Henriot en 1639. Il parut aux assemblées de ville aprez le siège.

Pierre Guibourg l'ancien, maître maçon, étoit marié à Anne Bergerot en 1632, et à Pierrete Hortet en 1640. Il parut aux assemblées générales de l'Hôtel de ville avant et aprez le siège.

Pierre Guibourg le jeune, maître couvreur, mari de Pierrete Bleuchot en 1622, et de Claudine Gillot en 1636, fut parrain d'un enfant en 1649. Il étoit chevalier du Jeu de l'arc en 1638 et fut roi de l'oiseau en 1650. Il parut aux assemblées générales de l'Hôtel de ville avant et aprez le siège.

Claude Guibourg étoit marié à Marguerite Chapuis en 1623, et à Huguete Debarge en 1633, vivoit en 1638.

Jean Guibourg, marchand cerclier, fut parrain en 1627, étoit marié à Pierrete Taney en 1631, et à Françoise Boiteux en 1641. Il parut aux assemblées de ville avant le siège et non aprez.

Jacques Guibourg, né le 18 may 1628, fut parrain en 1649.

Baltazard Guibourg, mari de Jeanne Brenot en 1632, vivoit en 1636.

Jacques Guibourg, huilier, mari d'Anne Gavinet en 1634, vivoit en 1638. Il parut aux assemblées générales de l'Hôtel de ville avant le siège et non aprez.

Guillaume Guibourg fut parrain d'un enfant en 1638.

Nicolas Guibourg vivoit en 1660. Il parut aux assemblées générales de l'Hôtel de ville aprez le siège.

Pierre Guibourg, manouvrier, étoit marié à Jeanne Bossu en 1660. Il parut aux assemblées de ville aprez le siège.

Claudine Guibourg, née le 1er août 1628, étoit femme de Claude Mercy en 1652.

Claudine Guibourg, née le 6 mars 1636, fut marraine en 1652.

Dame Jeanne Guibourg étoit femme du Sr Hilaire Delettre, lieutenant criminel au baillage, en 1647.

Claudine Guidot étoit femme de Jean Gavinet, maître tixier de toile, en 1647.

Françoise Guyet, née le 25 décembre 1622, étoit femme de Jean Humbert, soldat de la compagnie de Mr d'Ampilly, en 1649.

Oudette Guyet étoit femme d'Antoine Bouchard en 1631, vivoit en 1636 (1).

Pierrete Guyet (2) étoit femme de Pierre Grandchamp en 1631.

Nicole Guyet étoit femme de Claude Paulet en 1636.

Dlle Jeanne Guyet étoit veuve du Sr Pierre Boivaut, receveur au grenier à sel, en 1649.

Philiberte Guyet, fille, fut marraine d'un enfant en 1640.

Hubert Guignard, batelier, étoit marié à Claudine Marguery en 1627, fut parrain d'un enfant en 1636, vivoit en 1646. Il parut aux assemblées de ville aprez le siège.

Etienne Guignard vivoit en 1657. Il parut aux assemblées générales de l'Hôtel de ville aprez le siège.

---

(1) Portée par erreur femme de Pierre Grandchanp, ms. de M.
(2) Pierrette Guyet n'est pas mentionnée dans le ms. de M. à cet endroit, mais c'est un oubli ; voyez **Pierre Grandchamp**.

Pierrette Guignard, née le 27 mars 1627, fut marraine d'un enfant en 1634.

Claude Guillard, maître charpentier, étoit marié à Susanne Rémond en 1659. Il parut aux assemblées de ville aprez le siège.

Jean Guillaume, dit Brocard, fut nommé sergent de l'Echevinage, le 24 août 1636, et parut aux assemblées généralles de l'Hôtel de ville aprez le siège.

Jérôme Guillaume, dit Brocard, maître tixier de toile, étoit marié à Denise Bernard en 1636, vivoit en 1648.

François Guillaume, dit Brocard, maitre tixier de toile, étoit marié à Magdelaine Fèvre en 1636, fut parrain d'un enfant en 1637. Il parut aux assemblées de ville avant le siège et non aprez.

Pierre Guillaumet fut parrain d'un enfant en 1632.

Jeanne Guillaumet fut marraine d'un enfant en 1634, étoit femme de Jean Lescrivain, batelier, en 1638.

D^{lle} Nicole Guillemain, femme du Sr Jean Millot, maître chirurgien, en 1620, vivoit en 1642.

D^{lle} Benigne Guillemard, femme du Sr Claude Garnier, marchand, en 1626, vivoit en 1637.

Pierre Guiller fut parrain d'un enfant en 1650.

D^{lle} Anne Guiller, femme du Sr Claude Nivelet, greffier de l'échevinage, en 1628, vivoit en 1635, veuve en 1637.

Françoise Guillot, femme d'Aaron Chely, en 1621, vivoit en 1635, veuve en 1654.

Hugues Guindey, huissier, vivoit en 1656. Il parut aux assemblées généralles de l'Hôtel de ville aprez le siège.

Claude Guiné, batelier, fut parrain d'un enfant en 1643.

Anne Guinier étoit femme de Noël Magnien, manouvrier, en l'année 1639.

Jeanne Guyon, femme de Claude Besandet, maître-menuisier, en 1660.

Claudine Guisain, femme de Jean Pouvot en 1621, vivoit en 1630.

Nicole Guisain, femme de George Neveu, marchand, en 1631, étoit veuve et fut marraine d'un enfant en 1645.

D^{lle} Benigne Guisain, veuve du Sr Nicolas Robin en 1636, étoit femme du Sr Etienne Garnier, apoticaire, en 1639.

Etienne Gurniart fut parrain d'un enfant en 1648.

Jean Guyot étoit marié à Elisabeth Guenet en 1636. Il parut aux assemblées génerralles de l'Hôtel de ville aprez le siège.

Claude Guyot, marchand boucher, mari d'Antoinette Fleurot en 1636, vivoit en 1638. Il parut aux assemblées génerralles de l'Hôtel de ville avant et aprez le siège.

Claude Guyoty, marchand et joueur d'instrumens, mari de Jeanne Garnier en 1632, étoit chevalier du Jeu de l'arc en 1638, vivoit en 1645 et parut aux assemblées génerralles de l'Hôtel de ville avant et aprez le siège.

Charles Guyoty étoit marié à Guillemette Borthon en 1632.

Benoit Guyoty étoit associé à la confrairie du St Sacrement en 1649.

H

Huguete Hachery étoit femme de François Choley en 1636 et de Jean Colle en 1638.

Marie Havotier étoit femme de Guillaume Lelogus en 1635.

Philiberte Héliot étoit femme de **Philibert Goriot**, marchand boucher, en 1638.

Jean Henri père, maître tixier, étoit marié à Marguerite Daller en 1625, et à Marguerite Billan en 1628, vivoit en 1635. Il parut aux assemblées de ville avant le siège et non aprez.

Jean Henri fils, né le 23 septembre 1625, étoit **maître** tixier de toile et marié à Marguerite Hutier en 1657. Il parut aux assemblées génaralles de l'Hôtel de ville aprez le siège.

Claude Henri, maître boulanger, mari d'Antoinette Clerc en 1622, vivoit en 1639. Il parut aux assemblées génaralles de l'Hôtel de ville avant et aprez le siège.

Pierre Henri, maître tixier de toile, étoit marié à Marguerite Mouchenaire en 1660. Il parut aux assemblées génaralles de l'Hôtel de ville aprez le siège.

Benigne Henri, fille, née le 25 mars 1632, fut marraine d'un enfant en 1637.

Jean Henriot père, maître boulanger, étoit marié à Françoise Couche en 1621 et à Nicole Bouchard en 1640.

François Henriot fils, né le 26 janvier 1625, fut parrain d'un enfant en 1638.

Denis Henriot, batelier, étoit marié à Marthe Fournier en 1621 et à Claudine Setpalien en 1652. Il parut aux assemblées génaralles de l'Hôtel de ville avant le siège et non aprez.

Jacques Henriot, maître boulanger, étoit marié à Marie Blondeau en 1624, et à Denise Moignard en 1640. Il parut aux assemblées génaralles de l'Hôtel de ville avant et aprez le siège.

Jeanne Henriot étoit femme de Baltazard Lemiel, manouvrier, en 1659.

Françoise Henriot, née le 29 avril 1617, étoit femme de Philibert Guibourg, manouvrier, en 1639.

Marcienne Henriot étoit femme d'Emilland Gimelet, manouvrier, en 1660.

Marguerite Henriot fut marraine d'un enfant en 1638, étoit femme de Pierre Fautier, manouvrier, en 1652.

Claudine Henriot étoit femme de Nicolas Girard en 1639.

Magdelaine Henriot fut marraine d'un enfant en 1641, étoit femme d'Etienne Lescrivain, batelier, en 1647.

Dame Claudine Hernoux, femme de noble Jacques Jannel père, lieutenant civil au baillage en 1632, veuve en 1649.

Pierrete Horset étoit femme de Pierre Guibourg l'ancien, maître maçon, en 1640.

Pierre Huchet fut parrain d'un enfant en 1637.

Jean Hugard, tailleur d'habits, étoit marié à Claudine Mongin en 1651. Il parut aux assemblées de ville aprez le siège.

Légère Hugon, fille, fut marraine d'un enfant en 1658.

Benigne Huguenet étoit femme de Pierre Belot en 1632.

Pierrete Huguenet étoit femme de Claude Bruillot en 1638.

Etienette Huguenet étoit femme d'Etienne Fichot, manouvrier, en 1650.

Jean Humbert, soldat de la compagnie de Mr d'Ampilly, étoit marié à Françoise Girod en 1646, et à Françoise Guyet en l'année 1649.

Jeanne Humbert fut marraine d'un enfant en 1649, étoit femme de Jean Martene, pescheur, en 1652.

Jean Husson, maître tixier de toile, fut parrain en 1647.

Sr Jean Hutet étoit lieutenant civil au baillage et marié

à dame Marthe Mochet en 1645, et à dame Claudine Grangier en 1648. Il fut bâtonnier de la confrairie de St Jean Baptiste en 1656, et parut aux assemblées de ville aprez le siège.

Jean Hutier étoit marié à Marguerite Langevin en 1632, vivoit en 1636. Il parut aux assemblées géneralles de l'Hôtel de ville avant le siège et non aprez.

Simon Hutier, sergent de ville, étoit marié à Jeanne Goillot en 1630, et à Françoise Jurain en 1641. Il parut aux assemblées généralles de l'Hôtel de ville avant et aprez le siège.

Philiberte Hutier, fille, fut marraine d'un enfant en 1635.

Marguerite Hutier, née le 3 octobre 1632, étoit femme de Jean Henri, maître tixier de toile, en 1657.

Gilles Hutin étoit marié à Renaude Renault en 1630.

J

Jeanne Jacob étoit femme de Louis Juillet, marchand cerclier, en 1629, vivoit en 1640.

Marie Jacob, fille, fut marraine d'un enfant en 1645.

Noble Jacques Jannel père, lieutenant civil au baillage, fut bâtonnier de la confrairie de St Jean Baptiste en 1618, étoit marié à dame Philiberte Bossuet en 1621, et à dame Claudine Hernoux en 1632, vivoit en 1637, mort en 1638. Il parut aux assemblées généralles de l'Hôtel de ville avant et aprez le siège.

Sr Pierre Jannel fils, avocat, fut parrain d'un enfant en 1625, étoit marié à dame Oudete Boileau, étant lieutenant civil au baillage en 1638, étoit chevalier du Jeu de l'arc en 1640, mort en 1646. Il parut aux assemblées de ville aprez le siège.

Sr Jean Jannel fils étoit lieutenant civil au baillage en 1642.

Sr Jacques Jannel fils, né le 8 janvier 1621, fut parrain d'un enfant en 1637, étoit avocat et marié à dame Jeanne Joliclerc en 1660, bâtonnier de la confrairie de St Jean Baptiste en 1677. Il étoit chevalier du Jeu de l'arc et lieutenant civil au baillage en l'année 1680.

Sr Jacques Jannel fils, né le 27 février 1634, fut parrain en 1641.

D^{lle} Marguerite Jannel, femme du Sr Claude Martene l'aîné, marchand, fut marraine en 1621, étoit veuve et fut marraine en 1658.

Dame Anne Jannel, née le 20 janvier 1627, étoit femme de noble Philippe Lopin, maire de Seurre, en 1640.

D^{lle} Catherine Jannel, fille du Sr Pierre Jannel, lieutenant civil au baillage, fut marraine d'un enfant en 1643.

Anne Jannin, matrone, fut marraine d'un enfant en 1640.

Sr Pierre Jannon l'aîné père, marchand, étoit marié à D^{lle} Nicole Dumay en 1620, vivoit en 1634. Il parut aux assemblées génerales de l'Hôtel de ville avant le siège et non aprez.

Sr Etienne Jannon fils, marchand, fut parrain en 1629 et en 1656.

Sr Pierre Jannon le jeune, marchand épicier, étoit marié à D^{lle} Jeanne Bouscaut en 1626, vivoit en 1638, fut bâtonnier de la confrairie de St Jean Baptiste en 1640. Il parut aux assemblées de ville avant et aprez le siège.

Sr Claude Jannon, procureur, étoit associé à la confrairie du St Sacrement en 1649.

Claudine Jannon, née le 29 octobre 1625, fut marraine d'un enfant en 1656.

D^lle Anne Jannon, née le 10 octobre 1627, étoit femme du Sr Jean Lescrivain, marchand, en 1658.

D^lle Jeanne Jannon, fille en 1649, étoit femme du Sr Jean Gaillard, procureur, en 1680.

Barbe Jannon, fille, fut marraine d'un enfant en 1631.

Anne Jannon, née le 2 février 1634, fut marraine en 1640.

Barbe Jannon, née le 25 octobre 1636.

Jacques Jannot étoit marié à Jeanne Masson en 1652.

Anne Jaquelin étoit femme d'Antoine Millot, maître maréchal ferrant, en 1648.

Thibaut Jaqueret, maître bourrelier, étoit marié à Pierrete Chandelier en 1640, et à Pierrete Gaudelin en 1643. Il parut aux assemblées générales de l'Hôtel de ville aprez le siège.

George Jaqueret, maître maréchal ferrant, fut parrain en 1651.

Marguerite Jargonet, fille, fut marraine d'un enfant en 1646.

D^lle Marie Jaugey étoit femme du Sr Nicolas Paha fils, maître chirurgien, en 1651.

Sr Claude Javouhey, marchand, mari de D^lle Catherine Devillebichot en 1625 (1), vivoit en 1636. Il parut aux assemblées générales de l'Hôtel de ville avant le siège et non aprez.

Sr Jacob Javouhey, marchand, fut parrain en 1632.

Sr Bernard Javouhey fut parrain d'un enfant en 1640.

D^lle Elizabeth Javouhey, femme du Sr Nicolas Mochet,

---

(1) Ms. D., 1626.

procureur du Roi au grenier à sel, en 1628, vivoit en 1638.

Dlle Claudine Javouhey, femme du Sr Claude Nivelet l'ancien, grenetier au magasin à sel, en 1622, vivoit en 1639.

Marguerite Jobard étoit femme de Claude Larbepens, maître maréchal ferrant, en 1660.

Antoinette Jobard étoit femme de Jean Laisné, manouvrier, en l'année 1643.

Jean Jobert, maître maréchal ferrant, étoit marié à Catherine Fremi en 1660.

Etienne Jobin, maître charpentier, vivoit en 1635. Il parut aux assemblées génér[a]lles de l'Hôtel de ville avant le siège et non aprez.

Dlle Benigne Jodrillet, femme du sieur Nicolas Vaudrey puîné, marchand, fut marraine d'un enfant en 1649.

Henri Jofrin, maître maçon, étoit marié à Pierrette Clerc en 1652. Il parut aux assemblées de ville aprez le siège.

Claude Joissenet étoit marié à Claudine Michelot en 1648.

Claude Jolibois étoit marié à Vivande Frerot en 1629, fut parrain d'un enfant en 1647.

Sr Jean Joliclerc, fils du Sr Jérôme Joliclerc, marchand, né le 30 décembre 1621, étoit marchand et marié à Dlle Marguerite Germain en 1651. Il parut aux assemblées générales de l'Hôtel de ville aprez le siège.

Sr Claude Joliclerc père, marchand, étoit marié à Dlle Marie Conroy en 1629, à Dlle Claudine Robert en 1648, et à Dlle Marie Passard en 1650 (1). Il fut bâtonnier de

---

(1) **Ms. D**, 1649.

la confrairie de St Jean Baptiste en 1644, étoit chevalier du Jeu de l'arc en 1638 et fut roi de l'oiseau en 1641 et 1646. Il parut aux assemblées génerailles de l'Hôtel de ville avant et aprez le siège.

Sr Claude Joliclerc fils, né le 8 décembre 1630, fut parrain d'un enfant en 1637, étoit marchand en 1652, chevalier du Jeu de l'arc en 1680, marié à D^{lle} Antoinette Lâpre, étant grenetier au grenier à sel, et fut bâtonnier de la confrairie de St Jean Baptiste en 1690.

Dame Jeanne Joliclerc fut marraine d'un enfant en 1640, étoit femme du Sr Jacques Jannel, avocat en 1660, et lieutenant civil au baillage en 1680.

D^{lle} Jeanne Joli, belle-mère du Sr Benigne Laverne, avocat, vivoit en 1650.

Jeanne Joliot étoit femme de Pierre Menage, maître bourrelier, en 1650.

Baltazard Jolivet, charron, étoit marié à Philiberte Paris en 1638, et à Philiberte Paha en 1650.

Pierre Jomarin étoit marié à Simone Sereste en 1625, et étoit sergent de l'échevinage en 1630. Il parut aux assemblées génerailles de l'Hôtel de ville avant le siège et non aprez.

Jacob Jomarin, sergent de l'échevinage, étoit marié à Jeanne Gault en 1630, vivoit en 1638.

Anne Jomarin étoit femme de Claude Bouserot en 1638.

François Jomolet fut parrain d'un enfant en 1637.

Gaspard Journay fut parrain d'un enfant en 1638.

Emillande Juan étoit femme d'André Thomazot, maître cordonnier, en 1633, vivoit en 1637.

Jeanne Juan étoit femme d'Anatoile Golot, soldat de la compagnie de Mr de Machaut, en 1639.

Antoine Juillet étoit marié à Anne Guenier en 1634.

Jacques Juillet l'ancien vivoit en 1639. Il parut aux assemblées générralles de l'Hôtel de ville avant et aprez le siège.

Jacques Juillet le jeune, marchand cerclier, étoit marié à Anne Patureau en 1658. Il parut aux assemblées générralles de l'Hôtel de ville avant et aprez le siège.

Jean Baptiste Juillet père, marchand cerclier, mari d'Antoinette Gribon en 1624, fut parrain d'un enfant en 1645. Il parut aux assemblées générralles de l'Hôtel de ville avant et aprez le siège.

Louis Juillet fils, né le 15 mars 1624, étoit marchand cerclier, et marié à Catherine Biarnet en 1649. Il parut aux assemblées générralles de l'Hôtel de ville aprez le siège.

Vincent Juillet, marguillier et commis à la guette de la ville, mari de Jeanne Paillot en 1636, et de Marthe Blondeau en 1649, parut aux assemblées de ville aprez le siège.

Louis Juillet, marchand cerclier, étoit mari de Jeanne Jacob en 1629, vivoit en 1637. Il parut aux assemblées générralles de l'Hôtel de ville avant et aprez le siège.

Claude Juillet vivoit en 1639. Il parut aux assemblées générralles de l'Hôtel de ville avant et aprez le siège.

Claudine Juillet, née le 8 juillet 1629, fut marraine en 1638.

Marguerite Juillet étoit femme de Nicolas Petit en 1630.

Marguerite Juillet, née le 28 may 1635, étoit femme de Jean Lescrivain, marchand, en 1658.

Barthelemy Jurain fut parrain d'un enfant en 1634.

Françoise Jurain étoit femme de Claude Mauclerc en 1623, et de Simon Hutier, sergent de ville, en 1641.

Françoise Jurain, fille, fut marraine en 1631 et en 1646.

L

Pierre Labasse, soldat de la compagnie de M^r de St Point, marié à Louise Renevey en 1650. Il parut aux assemblées génerailles de l'Hôtel de ville aprez le siège.

Jean Laire étoit marié à Claudine Boitet en 1629, vivoit en 1630. Il parut aux assemblées de ville avant le siège et non aprez.

Jean Laisné, manouvrier, étoit mari de Michele Cachot en 1621, d'Antoinete Gilbert en 1641, et d'Antoinete Jobard en 1643.

Pierre Laisné, marchand, fut parrain d'un enfant en 1645.

Pierre Lallemand, fils de feu Jean Lallemand, marchand boucher, né le 4 janvier 1624, fut parrain d'un enfant en 1646.

Nicolas Lallemand, marchand cloutier, étoit marié à Anne Laurens en 1660.

Claude Lallemand père étoit marié à Claudine Cornot en 1626, vivoit en 1635. Il parut aux assemblées génerailles de l'Hôtel de ville avant le siège et non aprez.

Claude Lallemand fils, maître charpentier, étoit marié à Claudine Louvet en 1621, vivoit en 1631. Il parut aux assemblées génerailles de l'Hôtel de ville avant le siège et non aprez.

Judith Lallemand, fille de feu Jean Lallemand, marchand boucher, fut marraine d'un enfant en 1638.

Antoinete Lallemand étoit femme de Jacques Seguin, batelier, en 1640.

Pierrete Lallemand étoit femme de Martin Maldan, marchand boucher, en 1641.

Jean Lalleriot étoit associé à la confrairie du St Sacrement en 1649 (1).

Sr Lambelard étoit chevalier du Jeu de l'arc en l'année 1655 (2).

Jean Lambelin fut parrain en 1635.

Laurence Lambelin étoit femme de Claude Lemiel en 1635.

Claudine Lambelin, fille, fut marraine d'un enfant en 1648.

Etienne Lambert, mari de Claudine Meure en 1634, vivoit en 1639. Il parut aux assemblées de ville aprez le siège.

Huguete Lambert étoit femme de Jean Cuir, maître cordonnier, en 1638.

Claude Lamblaye, manouvrier, mari de Claudine Paquot en 1635, vivoit en 1637. Il parut aux assemblées génerralles de l'Hôtel de ville avant et aprez le siège.

Nicolas Lamblaye, maître cordonnier, étoit marié à X..., en 1638. Il parut aux assemblées génerralles de l'Hôtel de ville aprez le siège.

Jeanne Lamblaye fille, fut marraine d'un enfant en 1637.

Barbe Lamblaye fut marraine en 1638, étoit femme de Jean Plutot, cordier, en 1636.

D^{lle} Marie Landry, veuve du Sr François Michelot, marchand cordier, en 1636, vivoit en 1638.

Marguerite Langevin, femme de Jean Hutier en 1622, fut marraine d'un enfant en 1649.

Philiberte Langevin étoit femme de François Menetrier en 1634.

---

(1) Le même peut-être que Jean Allériot.
(2) Ms. de M. seulement.

François Langlois, maître cordonnier, étoit marié à Françoise Leroux en 1660.

Denise Lapostole, fille, fut marraine en 1637.

Sr Pierre Lâpre, père, bourgeois, étoit marié à Dlle Marguerite Boisot en 1620, et échevin en 1636, vivoit en 1643. Il parut aux assemblées de ville avant et aprez le siège.

Sr Pierre Lâpre fils, né le 8 may 1621, étoit greffier du baillage en 1638.

Dlle Antoinette Lâpre étoit femme du Sr Claude Joliclerc fils, marchand et grenetier au grenier à sel, en 1690.

Pierre Laramiste étoit marié à Etienette Breton en 1635; il parut aux assemblées de ville avant le siège et non aprez.

Claude Laramiste fut parrain d'un enfant en 1635.

Claude Larbepens, maître maréchal ferrant, étoit marié à Marguerite Jobard en 1660. Il parut aux assemblées génerallles de l'Hôtel de ville aprez le siège.

Claude Largeot étoit marié à Pierrete Passy en 1622, vivoit en 1631. Il parut aux assemblées génerallles de l'Hôtel de ville avant le siège et non aprez.

Mathieu Largeot fut parrain d'un enfant en 1631. Il parut aux assemblées de ville avant le siège et non aprez.

Antoinete Largeot, née le 13 février 1622, fut marraine d'un enfant en 1635.

Jeanne Largeot étoit femme de Claude Delucon, marchand de bois, en 1650.

Pierre Larmelin, batelier, étoit marié à Adrienne Parrot en 1633, vivoit en 1638. Il parut aux assemblées généralles de l'Hôtel de ville aprez le siège.

Françoise Larmelin, femme de Jean Marlien, maître tissier de toile, en 1625, vivoit en 1636.

Anne Larmelin, femme de Jacques Ruynet le jeune, marchand tanneur, en 1630, vivoit en 1640.

Benigne Larmelin, née le 14 may 1633, fut marraine d'un enfant en 1640, et femme de Gaspard Ramaillot, marchand chapelier, en 1653.

Sr Jean Larnaut, marchand apoticaire, fut parrain en 1627, étoit mari de D^{lle} Anne Dubois en 1628, vivoit en 1636, et parut aux assemblées de ville avant et aprez le siège.

Pierrete Larmelin fut marraine d'un enfant en 1646.

Marthe Larnaut, femme de Jean Pierre, maître cordonnier, en 1626, vivoit en 1636.

D^{lle} Anne Larnaut, femme de Jacques Brenot en 1636, et du Sr Jacques Ruynet l'ancien, marchand tanneur, en 1639, étoit veuve en 1649.

Louise Lasner, fille, fut marraine d'un enfant en 1635.

Catherine Lasner, fille, fut marraine en 1641.

Louise Lasner étoit femme de Jean Martichet en 1631.

Anne Lasner étoit femme de Jean Marlien, maître tixier de toile, en 1634, vivoit en 1636.

Jean Lassus, messager, vivoit en 1654. Il parut aux assemblées génerralles de l'Hôtel de ville aprez le siège.

Claude Lauchey, maître cordonnier, étoit marié à Huguete Marquet en 1642.

Sr Jacob Laverne, procureur, fut parrain d'un enfant en 1640, étoit marié à D^{lle} Denise Besançon en 1651. Il parut aux assemblées génerralles de l'Hôtel de ville aprez le siège.

Sr Jacques Laverne (1), greffier de l'Echevinage, étoit marié à D^{lle} Françoise Monin en 1642. Il parut aux assemblées génerralles de l'Hôtel de ville aprez le siège.

Sr Benigne Laverne, avocat, étoit marié à dame Elizabeth Bernier en 1622, chevalier du Jeu de l'arc en 1643,

---

(1) Ms. de M. seulement.

mort en 1649. Il parut aux assemblées de ville avant le siège et non aprez.

D^lle Marie Laverne, née le 22 mars 1622, étoit femme du Sr Claude Bardet, médecin, en 1650.

D^lle Philiberte Laverne, fille du Sr Jacques Laverne, procureur, fut marraine d'un enfant en 1654.

Pierre Lauraut étoit marié à Denise Paton en 1635.

Claudine Lauraut étoit femme de Pierre Passard, maître tonnelier, en 1642.

Michel Laurens étoit marié à Claudine Roi en 1634, vivoit en 1636.

Anne Laurens étoit femme de Nicolas Lallemand, marchand cloutier, en 1660.

Claudine Lebaume étoit femme de Pierre Menager, maître bourrelier, en 1641.

Catherine Lebaume, veuve de Jean Crict (1), étoit associée à la confrairie du St Sacrement en 1649.

François Lebœuf père, maître menuisier, mari d'Anne Legendre en 1621, vivoit en 1630. Il parut aux assemblées génerralles de l'Hôtel de ville avant le siège et non aprez.

Benigne Lebœuf fils, né le 18 juin 1621, étoit maître serrurier et marié à Lucresse Damnicolas en 1654. Il parut aux assemblées génerralles de l'Hôtel de ville aprez le siège.

Claude Lebœuf, maître tourneur en bois, mari de Jeanne Buffet en 1621, fut parrain en 1636 et en 1637, étoit chevalier du Jeu de l'arc en 1638. Il parut aux assemblées génerralles de l'Hôtel de ville avant et aprez le siège.

Philiberte Lebœuf, née le 29 mars 1624, fut marraine d'un enfant en 1640.

Jeanne Lebœuf, née le 13 octobre 1624, étoit femme

---

(1) Peut-être le même nom que Cry.

d'Ursin Baudot, caporal de la compagnie de M^r de St Point en 1645.

Jeanne Lebeuf, née le 8 mars 1631, étoit femme de Pierre Menage, maître sellier, en 1649.

Jeanne Leboy étoit femme de Claude Michaut, manouvrier, en 1638.

Fiacre Lebrun, soldat de la compagnie de M^r d'Ampilly, étoit marié à Claudine Simon en 1647.

D^lle Marie Lechat, étoit femme du Sr Claude Boulanger, payeur des gens de guerre, en 1631.

Jacquete Leclerc, femme d'Etienne Fremi, maître bourrelier en 1633, vivoit en 1637.

Charlote Leclerc étoit femme de Jean Roger, huissier, en 1660.

Pierre Lécorcenet fut parrain d'un enfant en 1634, vivoit en 1643. Il parut aux assemblées généralles de l'Hôtel de ville avant et aprez le siège.

Françoise Lécorcenet, fille, fut marraine en 1634.

Marie Lécorcenet, femme de Nicolas Margue, maître tailleur d'habits, en 1635, vivoit en 1637.

Jeanne Lécorcenet étoit femme de François Viénot, maître boulanger, en 1641.

Pierre Lécoulard, marchand, étoit associé à la confrairie du St Sacrement en 1649.

Jacques Legand père, maître tixier de toile, mari d'Antoinette Bertaut en 1628, d'Etiennette Lucot en 1644, et de Reine Forot en 1647. Il étoit chevalier du Jeu de l'arc en 1638, et parut aux assemblées généralles de l'Hôtel de ville avant et aprez le siège.

Pierre Legand fils fut parrain d'un enfant en 1642.

Pierre Legendre, marchand batelier, mari d'Anne Bonestache en 1620, et de Catherine Pointrot en 1645. Il parut aux assemblées généralles de l'Hôtel de ville avant et aprez le siège.

Jacques Legendre fut parrain d'un enfant en 1636.

Guy Legendre père étoit marié à Marie Paulet en 1636.

Pierre Legendre fils, né le 18 février 1636, fut parrain d'un enfant en 1643.

Pierre Legendre, maître tixier de toile, fut parrain d'un enfant en 1645. Il parut aux assemblées de ville aprez le siège.

Jacob Legendre fut parrain en 1632, étoit mari de Claudine Paulet en 1635.

François Legendre étoit marié à Claudine Prince en 1629, vivoit en 1633. Il parut aux assemblées générales de l'Hôtel de ville avant le siège et non aprez.

D`lle` Claudine Legendre, femme du S`r` Claude Thomas, greffier de la prévôté royale de la ville en 1620, vivoit en 1635.

Magdelaine Legendre fut marraine d'un enfant en 1648.

D`lle` Marie Leger étoit femme du S`r` Jacob Boisot en 1634.

Claude Lelâche, mari de Jeanne Moisson en 1620, vivoit en 1636. Il parut aux assemblées de ville avant et aprez le siège.

Pierre Lelâche, marchand, fut parrain en 1641.

Jean Lelâche étoit marié à Louise Oudot en 1626, et à Louise Fremiot en 1632.

Guillaume Lelogus étoit marié à Marie Havotier en 1635.

Claude Lemiel étoit marié à Claudine Moignard en 1622, à Denise Clerc en 1633, à Marcienne Buisson en 1634, et à Laurence Lambelin en 1635.

Nicolas Lemiel, manouvrier, étoit marié à Jeanne Clerc en 1646.

Balthazard Lemiel, manouvrier, étoit marié à Jeanne Henriot en 1659.

Claudine Lemiel, fille, fut marraine en 1626 et en 1641.

Marthe Lemiel fut marraine en 1635, étoit femme de Jean Comagène, sergent de la compagnie de Mr de St Point, en 1638.

Juliene Lemiel étoit femme de Pierre Girardot, manouvrier en 1636.

Françoise Lemiel étoit femme de Balthazard Boissenet, marchand batelier, en 1659.

Denise Lemiel, fille, fut marraine en 1643.

Marguerite Lemiel étoit femme d'Alexandre Blondeau, batelier, en 1643.

Jean Lemoine, maître maréchal, étoit marié à Philiberte Leroi en 1638. Il parut aux assemblées génerálles de l'Hôtel de ville aprez le siège.

Michel Lenier vivoit en 1658. Il parut aux assemblées génerálles de l'Hôtel de ville aprez le siège.

Jacques Lenoir, soldat de la compagnie de Mr de St Point, étoit marié à Emillande Clerget en 1641.

François Lenoir, maître tixier de toile, fut parrain en 1650.

Pierrete Lepas, fille, fut marraine en 1638.

Marguerite Lépée, fille, fut marraine en 1630.

Pierre Leroi père, dit Picard, batelier, étoit marié à Claudine Fremi en 1621, vivoit en 1636, mort en 1639. Il parut aux assemblées de ville avant le siège et non aprez.

Antoine Leroi fils, né le 8 may 1633, fut parrain en 1636.

Louis Leroi fils, né le 8 may 1633, fut parrain en 1636.

Jean Leroi, marchand batelier, étoit marié à Pierrette

Tancy, en 1638. Il parut aux assemblées de ville aprez le siège.

Philibert Leroi, marchand, fut parrain en 1640.

Philiberte Leroi, née le 18 mars 1621, étoit femme de Jean Lemoine, maître maréchal ferrant, en 1638.

Jeanne Leroi étoit femme de Gilles Lescrivain, marchand pâtissier, en 1649.

D^{lle} Antoinette Leroi, née le 3 mars 1624, étoit femme du Sr Pierre Masson, marchand, en 1649.

Marie Leroi, fille, fut marraine en 1636.

Pierre Leroux, marchand cordonnier, fut parrain en 1621 et en 1638, mari de Pierrete Poussis en 1645, et de Pierrete Louhet, étant sergent de l'échevinage, en 1660. Il parut aux assemblées génératles de l'Hôtel de ville aprez le siège.

Sr Jacques Leroux, marchand, étoit marié à D^{lle} Geneviève Larnaut en 1625, et à D^{lle} Claudine Rémond en 1632, fut parrain d'un enfant en 1643. Il parut aux assemblées génératles de l'Hôtel de ville avant le siège et non aprez.

Jean Leroux père, marchand boucher, mari de Louise Verrey en 1627, fut parrain d'un enfant en 1653. Il parut aux assemblées génératles de l'Hôtel de ville aprez le siège.

Claude Leroux fils, né le 25 may 1627, fut parrain en 1649.

François Leroux, maître cordonnier, fut parrain d'un enfant en 1630, étoit marié à Henriete Marmet en 1640.

Claude Leroux, maître cordonnier, étoit marié à Marie Garnier en 1631.

Claude Leroux, marchand boucher, vivoit en 1634. Il parut aux assemblées de ville avant le siège et non aprez.

Barbe Leroux, femme de Hilaire Guibourg, maître maçon, en 1623, vivoit en 1633.

Huberte Leroux, femme de Pierre Maldan, marchand boucher, en 1621, vivoit en 1641.

Françoise Leroux fut marraine d'un enfant en 1647, étoit femme de François Langlois, maître cordonnier, en 1660.

Claude Lesage vivoit en 1631. Il parut aux assemblées génèralles de l'Hôtel de ville avant le siège et non aprez.

Jean Lescrivain père, batelier, étoit marié à Marcienne Euvrard en 1623, et à Jeanne Maurier en 1645. Il parut aux assemblées génèralles de l'Hôtel de ville avant et aprez le siège.

Sr Jean Lescrivain fils, né le 29 janvier 1635, étoit marchand et marié à Dlle Anne Jannon en 1658.

Pierre Lescrivain, huissier, mari de Françoise Millot en 1621, vivoit en 1642.

Guillaume Lescrivain père, pescheur, mari de Françoise Pointrot en 1622, vivoit en 1638. Il parut aux assemblées génèralles de l'Hôtel de ville aprez le siège.

Jean Lescrivain fils, né le 6 juin 1622, étoit marchand batelier, et marié à Jeanne Guillaumet en 1645, et à Marguerite Juillet en 1658, étoit chevalier du Jeu de l'arc en 1650, et fut roi de l'oiseau en 1651, 1652 et 1655. Il parut aux assemblées génèralles de l'Hôtel de ville aprez le siège.

Sr Claude Lescrivain, marchand, étoit marié à Dlle Antoinette Vougeot en 1624, et à Dlle Antoinette Bigot en 1636, mort avant le siège. Il parut aux assemblées génèralles de l'Hôtel de ville avant le siège seulement.

Gilles Lescrivain, marchand pâtissier, étoit marié à **Jeanne Leroi en 1649.**

Baltazard Lescrivain fut parrain en 1626 et en 1636.

Etienne Lescrivain, batelier, fut parrain en 1638, étoit marié à Pierrete Bataillon en 1644, et à Magdeleine Henriot en 1647. Il parut aux assemblées de ville aprez le siège.

Claude Lescrivain, cuisinier, fut parrain en 1637 et en 1645.

Jeanne Lescrivain, fille, étoit associée à la confrairie du St Sacrement en 1649.

D^{lle} Marie Lescrivain, veuve du Sr Philibert Michelot l'ancien, marchand, vivoit en 1640.

Antoinette Lescrivain, fille, fut marraine en 1631.

Anne Lescrivain étoit femme d'Etienne Fremi en 1637.

D^{lle} Pierrette Lescrivain fut marraine en 1634, étoit femme du Sr Benigne Baranger, maître chirurgien et enseigne de la compagnie de M^r de St Point, en 1637.

D^{lle} Marie Lescrivain fut marraine en 1634, étoit femme du Sr Pierre Bertaut, soldat de la compagnie de Mr de Villette, en l'année 1644.

Girard Lescuiller fut parrain d'un enfant en 1636.

Pierre Levasseur, maître tixier de toile, étoit marié à Genevieve Clercelier en 1660. Il parut aux assemblées génerralles de l'Hôtel de ville aprez le siège.

Jacques Lévèque, mari de Claudine Berignot en 1629, et de Denise Moignard en 1631, vivoit en 1638. Il parut aux assemblées génerralles de l'Hôtel de ville avant et aprez le siège.

Pierre Levêque fut parrain d'un enfant en 1636, étoit marié à Marcienne Clerc en 1638. Il parut aux assemblées génerralles de l'Hôtel de ville aprez le siège.

Marthe Levêque, femme de Pierre Darmure, maître serrurier, en 1636, vivoit en 1638.

D^lle Marguerite Levêque étoit femme du Sr Benigne Devillebichot, maître en chirurgie, en 1641.

Remy Levoltigeur étoit associé à la confrairie du St Sacrement en 1649.

Denis Levoltigeur vivoit en 1635. Il parut aux assemblées génératles de l'Hôtel de ville avant le siège et non aprez.

Fleury L'homme, cordier, mari de Philiberte Landriot en 1622, de Barbe Aubriot en 1626, et de Philiberte Visene en 1636, parut aux assemblées de ville avant le siège et non aprez.

Philiberte L'homme, née le 18 avril 1635, fut marraine en 1641.

Oudette Liébot, fille, fut marraine d'un enfant en 1649.

Claude Liénard, maître cordonnier, étoit marié à Jeanne Lorillot en 1660.

Claude Ligier, marchand cloutier, étoit marié à Anne Magnien en 1649.

Antoine Ligier étoit marié à Claudine Breton en 1639.

Françoise Ligier étoit femme de Denis Durand, maître cordonnier, en 1647.

Claudine Ligier, étoit femme de Jean Bruchard, huilier, en 1651.

Claudine Ligiot, veuve de Pierre Clerc, fut marraine en 1630.

Jeanne Ligiot étoit femme de Claude Chely, maître cordonnier, en 1622, vivoit en 1644.

Denise Loindrot étoit femme de Pierre Renaud, soldat de la compagnie de Mr Mouchet, en 1642.

Claude Lolard étoit associé à la confrairie du St Sacrement en 1649.

Jean Lompré, maître tixier de toile, étoit marié à Simone Bergerot, en 1659.

Jeanne Lorillot étoit femme de Claude Liénard, maître cordonnier, en 1660.

Baltazarde Lornet étoit femme de Claude Goillot en 1633, vivoit en 1638.

Jacques Louhet, marchand, fut bâtonnier de la confrairie de St Jean Baptiste en 1607, étoit marié à D^{lle} Emillande Paulée en 1620, fut parrain d'un enfant en 1649. Il parut aux assemblées génerralles de l'Hôtel de ville avant le siège et non aprez.

Sr Jacob Louhet père, marchand, étoit marié à D^{lle} Guillemete Delettre en 1621, et à D^{lle} Nicole Garnier en 1635, étoit chevalier du Jeu de l'arc en 1639. Il parut aux assemblées génerralles de l'Hôtel de ville avant et aprez le siège.

Jacques Louhet fils, né le 22 juillet 1629, fut parrain en 1647.

Jean Louhet l'ancien étoit marié à Barbe Verrey en 1624, fut parrain en 1636, vivoit en 1646. Il parut aux assemblées génerralles de l'Hôtel de ville avant le siège et non aprez.

Jean Louhet le jeune étoit associé à la confrairie du St Sacrement en 1649.

Pierre Louhet huissier, étoit marié à Guillemete Rougeot en 1623, et à Anne Gault en 1638. Il étoit chevalier du Jeu de l'arc en 1638 et fut roi de l'oiseau en 1639 et en 1647. Il parut aux assemblées de ville avant et aprez le siège.

Christophle Louhet, soldat au régiment de Conti, fut parrain d'un enfant en 1641.

Sr Philibert Louhet père, marchand, étoit mari de D^{lle} Marie Guenon en 1633, et de D^{lle} Marguerite Pointrot en 1653, étoit chevalier du Jeu de l'arc en 1638, et fut roi de l'oiseau en 1654, il fut aussi bâtonnier de la confrairie de St Jean Baptiste en 1647, et parut aux assemblées généralles de l'Hôtel de ville avant et aprez le siège.

Etienne Louhet étoit associé à la confrairie du St Sacrement en 1649.

Louis Louhet, fils du Sr Philibert Louhet, marchand, fut parrain d'un enfant en 1654

Pierre Louhet le jeune, maître cordonnier, mari de Pierrete Desgranges en 1624, vivoit en 1639, étoit chevalier du Jeu de l'arc en 1639 et parut aux assemblées générales de l'Hôtel de ville avant et aprez le siège.

Dlle Jeanne Louhet, née le 14 novembre 1621, fut marraine d'un enfant en 1640, étoit femme du Sr François Parre, marchand, en 1660.

Dlle Marie Louhet, femme de Nicolas Voitier en 1621, vivoit en 1635 et en 1636, veuve avant le siège.

Thibaude Louhet, veuve de Girard Barbier, fut marraine d'un enfant en 1631.

Pierrete Louhet, née le 28 août 1624, étoit femme de Pierre Leroux, maître cordonnier et sergent de ville, en 1660.

Marie Louhet, née le 27 octobre 1625, fut marraine d'un enfant en 1637.

Susanne Louhet étoit femme de Jean Bassenet, maître tonnelier, en 1660.

Anne Louhet fut marraine en 1638, étoit femme de Guillaume Belon, sergent de la compagnie de Mr de St Point en 1641, et de François Rouillot, huissier, en 1658.

Jean Louis étoit marié à Jeanne Gault en 1636.

Françoise Louis étoit femme de Gabriel Bolard, maître charpentier, en 1660.

Jean Louvet étoit marié à Jeanne Boyer en 1621, vivoit en 1636, mort en 1637.

Hubert Loyauté, marchand chapelier, marié à Jeanne Maréchal en 1633, vivoit en 1639. Il parut aux assemblées génèralles de l'Hôtel de ville avant et aprez le siège.

Jean Luc, manouvrier, étoit marié à Claudine Bojanerote en 1650.

Nicolas Lucot étoit sergent de ville et marié à Antoinete Bernard en 1638. Il parut aux assemblées génèralles de l'Hôtel de ville aprez le siège.

George Lucot, maître tixier de toile, étoit marié à Pierrete Couche en 1638, et à Denise Delicot en 1642. Il parut aux assemblées génèralles de l'Hôtel de ville aprez le siège.

Nicole Lucot étoit femme de Benigne Bernard en 1636, vivoit en 1637.

Etienette Lucot étoit femme de Jacques Legand, sergent de l'échevinage, en 1644.

Claudine Lullier, veuve de Philibert Grimbelin, fut marraine en 1637, vivoit en 1650.

Christine Lullier étoit femme de Pierre Chifolet, marchand cerclier, en 1660.

M

Sr Claude Macier, maréchal des logis de M^r le Prince, étoit marié à D^{lle} Jeanne Dubois en 1649.

Pierre Machureau vivoit en 1650. Il parut aux assemblées génèralles de l'Hôtel de ville aprez le siège.

Anne Magdelaine, fille, fut marraine en 1632.

Anatoile Magnien, soldat en la compagnie de Mr Mouchet, étoit marié à Catherine Maldan en 1643.

Noël Magnien, batelier, étoit marié à Anne Guinier en 1640, et à Jeanne Besancenot en 1654.

Anne Magnien, femme de Claude Ligier, marchand cloutier, en 1649.

D^lle Jeanne Magnien étoit femme du Sr Jean Delaporte, marchand drapier, en 1660.

Claude Magny, manouvrier, étoit marié à Anne Guenier en 1639.

Philibert Maillard fut parrain en 1641.

Jerôme Maillard, maître carrossier, fut parrain en 1643.

Jean Maillard, maître tixier de toile, étoit marié à Nicole Martin en 1660. Il parut aux assemblées de ville aprez le siège.

Sr Jean Maillot l'ancien, marchand, étoit marié à Antoinette Boileau et fut bâtonnier de la confrairie de St Jean Baptiste en 1602, fut parrain d'un enfant en 1622, vivoit en 1630. Il parut aux assemblées génerralles de l'Hôtel de ville avant le siège et non aprez.

Claude Maillot, manouvrier, fut parrain d'un enfant en 1628, étoit mari de Barbe Menetrier en 1644.

Sr Jean Maillot le jeune, huissier, étoit marié à Jeanne Desgranges en 1628, fut parrain d'un enfant en 1637, étoit chevalier du Jeu de l'arc en 1638. Il parut aux assemblées génerralles de l'Hôtel de ville avant le siège et non aprez.

Sr Pierre Maillot étoit associé à la confrairie du St Sacrement en 1649.

Denise Maillot, femme de Pierre Michelot, maitre cordonnier, en 1622, vivoit en 1641.

Antoinette Maillot, née le 7 may 1629, étoit femme de Jean Pierre, maître cordonnier, en 1653.

Jeanne Maillot fut marraine d'un enfant en 1630, étoit,

femme de Toussaint Segaut, maître cordonnier, en 1640.

Françoise Maillot étoit femme de Pierre Billey en 1634.

Jeanne Maillot, fille, étoit associée à la confrairie du St Sacrement en 1649.

Pierre Maire, soldat de la compagnie de M^r de St Point, étoit mari d'Antoinette Bouvot en 1646. Il parut aux assemblées génerralles de l'Hôtel de ville aprez le siège.

Claudine Maire étoit femme de Pierre Passard, maître tonnelier, en 1639.

Barbe Maire fut marraine d'un enfant en 1647.

Jean Mairetet, maître tixier de toile, étoit marié à Claudine Coquillot en 1634, vivoit en 1641. Il parut aux assemblées génerralles de l'Hôtel de ville avant et aprez le siège.

Nicolas Maison, maître maçon, étoit marié à Jeanne Cartey en 1660.

Sr Antoine Maître, marchand, mari de D^{lle} Françoise Fouquier en 1621, vivoit en 1636. Il parut aux assemblées génerralles de l'Hôtel de ville avant le siège et non aprez.

François Maître vivoit en 1630. Il parut aux assemblées génerralles de l'Hôtel de ville avant le siège et non aprez.

Antoinette Maître étoit femme de George Fleuchot, portefaix, en 1638.

Antoine Maîtrau, batelier, étoit marié à Denise Charniot en 1660.

Pierre Maldan père, marchand boucher, étoit marié à Marguerite Morlot en 1621, et à Huberte Leroux en 1641. Il parut aux assemblées de ville avant le siège et non aprez.

Jean Maldan fils, né le 20 août 1624, fut parrain en 1652. Il parut aux assemblées de ville aprez le siège.

Philibert Maldan père, marchand boucher, mari de Laurence Rémondet en 1628, fut parrain en 1639. Il parut aux assemblées générailes de l'Hôtel de ville avant et aprez le siège.

Nicolas Maldan fils, né le 6 novembre 1628, étoit marchand boucher et marié à Anne Granée en 1650. Il parut aux assemblées générailes de l'Hôtel de ville aprez le siège.

Jean Maldan fils, né le 24 juillet 1636, fut parrain en 1650, étoit maitre menuisier et sculpteur en 1665, et marié à Anne Lignier en 1683.

Martin Maldan, marchand boucher, étoit marié à Pierrete Lallemand en 1641, parut aux assemblées générailes de l'Hôtel de ville aprez le siège.

Claude Maldan, mari d'Huguete Rhée en 1623, vivoit en 1636.

Pierre Maldan, tourneur, étoit associé à la confrairie du St Sacrement en 1649.

Emilland Maldan fut parrain en 1643.

Baltazard Maldan vivoit en 1642. Il parut aux assemblées générailes de l'Hôtel de ville aprez le siège.

Catherine Maldan, femme d'Anatoile Magnien, soldat de la compagnie de Mr Mouchet, en 1643.

Françoise Maldan, née le 10 mars 1628, étoit femme de François Portelet en 1657.

Pierrete Maldan étoit femme de Philibert Couchey en 1632.

Pierrete Maldan, née le 9 novembre 1634, fut marraine d'un enfant en 1648.

Jeanne Maldan, fille de Philibert Maldan, marchand boucher, fut marraine d'un enfant en 1638.

Marguerite Maldan, femme de Guillaume Sordeau, soldat de la compagnie de M^r de St Point, en 1639.

Thomasse Maldan fut marraine d'un enfant en 1642.

Philiberte Maldan, fille de Philibert Maldan, marchand boucher, fut marraine d'un enfant en 1647.

Huberte Maldan étoit femme de Claude Michaut, manouvrier, en 1650.

Magdelaine Maldan, fille, fut marraine d'un enfant en 1650.

Sr Etienne Malpoix, avocat, fut parrain d'un enfant en 1632.

Leger Manchot, maître armurier, fut parrain d'un enfant en 1650, étoit marié à Claudine Boisot en 1652. Il parut aux assemblées génerallès de l'Hôtel de ville aprez le siège.

Michel Manseau, maître cordonnier, étoit marié à Marcienne Seguin en 1658.

Jean Marachet étoit associé à la confrairie du St Sacrement en 1649.

Claudine Maranche étoit femme de Baltazard Gimelet en 1645.

Gasparde Marauchot fut marraine en 1646.

Sr Pierre Marchant, principal du collège, étoit chevalier du Jeu de l'arc en 1640 et marié à D^{lle} Barthelemine Pain en l'année 1644.

Jeanne Maréchal, femme d'Hubert Loyauté, marchand chapelier, en 1633, vivoit en 1639.

Sr Alexandre Margeot, marchand drapier, mari d'Anne Deperancy en 1635, de Didière Perchey en 1636, et d'Anne Pecot en 1639, étoit chevalier du Jeu de l'arc en 1638 et parut aux assemblées de ville avant et aprez le siège.

Nicolas Margue, tailleur d'habits, mari de Marie Poussis en 1634, et de Marie Lécorcenet en 1636, vivoit en 1637. Il parut aux assemblées générales de l'Hôtel de ville avant et aprez le siège.

François Margue étoit marié à Anne Simon en 1635, vivoit en 1636. Il parut aux assemblées de ville avant le siège et non aprez.

Henriete Margue, fille, fut marraine d'un enfant en 1632.

Claudine Marguery étoit femme d'Hubert Guignard, batelier, en 1627, vivoit en 1646.

Françoise Marguery, née le 10 mars 1628, fut marraine en 1650.

Etienette Marguery étoit femme de Jean Seguin, batelier, en 1640.

Michel Mariote étoit marié à Elizabeth Chabot en 1635.

Claude Marlien, batelier, étoit marié à Claudine Desgranges en 1620, et à Michele Berthe en 1638. Il parut aux assemblées génerales de l'Hôtel de ville avant le siège et non aprez.

Jean Marlien père, maître tixier de toile, mari de Françoise Larmelin en 1620, de Claudine Soupert en 1625, et d'Anne Lasner en 1634, vivoit en 1637. Il parut aux assemblées génerales de l'Hôtel de ville avant le siège et non aprez.

Jean Marlien fils étoit associé à la confrairie du St Sacrement en 1649.

Guillaume Marlien vivoit en 1659. Il parut aux assemblées génerales de l'Hôtel de ville aprez le siège.

Marguerite Marlien étoit femme de Claude Fournier, maître tixier de toile en 1634, et de Nicolas Gally en 1638.

Jeanne Marlien, née le 15 août 1620, fut marraine en 1636.

Sebastiene Marlien, née le 7 janvier 1625, fut marraine d'un enfant en 1636.

Benigne Marlien, fille, fut marraine d'un enfant en 1633.

Claudine Marlien, née le 14 septembre 1634, fut marraine d'un enfant en 1647.

Barbe Marmet étoit femme de Jean Berthe, facteur des Allemands, en 1632.

Vivande Marmet, femme de Jean Goillot, batelier, en 1633, vivoit en 1637.

Henriete Marmet étoit femme de François Leroux, maître cordonnier, en 1639.

Lazare Marquet vivoit en 1658. Il parut aux assemblées de ville aprez le siège.

Huguete Marquet étoit femme de Claude Lauchey, maître cordonnier, en 1642.

Claudine Marquet étoit femme de Hubert Guillard, batelier, en 1641.

Anne Marquet, fille, fut marraine en 1650.

Antoine Marteau vivoit en 1660. Il parut aux assemblées généralles de l'Hôtel de ville aprez le siège.

Sr Baltazard Martene, ancien procureur et juge de Bonnencontre, étoit du conseil de la ville en 1636. Il parut aux assemblées généralles de l'Hôtel de ville avant et aprez le siège.

Sr Claude Martene l'ancien père, marchand, étoit marié à D^{lle} Jeanne Robin en 1626, fut échevin en 1634, vivoit en 1636, mort avant le siège. Il parut aux assemblées généralles de l'Hôtel de ville avant le siège seulement.

Etienne Martene fils, né le 12 octobre 1633, fut parrain d'un enfant en 1638.

Sr Claude Martene le jeune père, bourgeois, mari de D^{lle} Marguerite Jannel en 1620, mort en 1658. Il parut aux assemblées généralles de l'Hôtel de ville avant et aprez le siège.

Sr Claude Martene fils, né le 1er avril 1621, étoit bourgeois et marié à D^lle Françoise Sousselier en 1648, étoit chevalier du Jeu de l'arc en 1659 et fut bâtonnier de la confrairie de St Jean Baptiste en 1662. Il parut aux assemblées génèralles de l'Hôtel de ville aprez le siège.

Sr Pierre Martene fils, bourgeois, étoit associé à la confrairie du St Sacrement en 1649, étoit avocat, marié à D^lle Charlote de Saubusse en 1673, et fut bâtonnier de la confrairie de St Jean Baptiste en 1685, étoit chevalier du Jeu de l'arc en 1668.

Baltazard Martene, dit Desbarres (1), père, pescheur, mari de Marguerite Bouscaut en 1624, et de Jeanne Boiteux en 1640. Il parut aux assemblées génèralles de l'Hôtel de ville avant et aprez le siège.

Jean Martene fils, pescheur, né le 21 janvier 1626, étoit marié à Jeanne Humbert en 1652.

Guillaume Martene, maître menuisier, fut parrain en 1637, étoit marié à Barbe Clairote en 1638. Il parut aux assemblées génèralles de l'Hôtel de ville aprez le siège.

D^lle Jeanne Martene, fille du Sr Jacques Martene, bourgeois, fut marraine en 1640, étoit femme du Sr Pierre Delettre, bourgeois, en 1655.

D^lle Françoise Martene étoit femme du Sr André de Balofert, procureur, en 1621, veuve en 1636, avant le siège.

D^lle Marie Martene, femme du Sr Jean Bataillon, notaire et procureur, en 1621, vivoit en 1638.

Dame Catherine Martene fut marraine en 1622, étoit femme du Sr Jacob Conte, avocat du Roi, en 1644.

D^lle Jeanne Martene, née le 13 avril 1631, fut marraine en 1638, vivoit en 1650.

---

(1) Voyez Desbarres.

D^lle Marguerite Martene fut marraine en 1634 et en 1650.

Philiberte Martene, née le 25 janvier 1624, étoit femme de Pierre Gault, pâtissier, en 1655.

Anne Martene, fille, fut marraine en 1630.

Guye Martene étoit femme de Philibert Bruillot, manouvrier, en 1631.

Antoinette Martene, fille, fut marraine en 1635.

Jean Martichet étoit marié à Louise Lasner en 1631.

Claude Martin père, maître boulanger, mari de Reine Massey en 1634, fut parrain en 1637. Il parut aux assemblées de ville avant et aprez le siège.

Pierre Martin fils, né le 22 janvier 1636, fut parrain en 1650.

Simon Martin, maître maçon, étoit marié à Philiberte Bobet en 1637.

Baltazard Martin, pescheur, fut parrain en 1641.

Nicole Martin étoit femme de Jean Maillard, maître tixier de toile, en 1660.

Philiberte Martin, fille de Claude Martin, boulanger, fut marraine en 1648.

Françoise Martin étoit femme de Pierre Ruinet en 1620, et d'André Barbier en 1649.

Marguerite Martin, fille, fut marraine en 1631.

Charlote Martin étoit femme de Thomas Fremiot en 1638.

Anne Martin étoit femme de Jean Bernier, marchand boucher, en 1660.

Jacques Masse, garde de sel, étoit marié à Guyette Sostene en 1646.

Reine Massey, femme de Claude Martin, maître boulanger, en 1634, vivoit en 1638.

Jean Masson fut parrain en 1638 et en 1641.

Léonard Masson, soldat de la compagnie de Mʳ Mouchet, étoit marié à Reine Bernard en 1643.

Sʳ Pierre Masson, marchand bourrelier, marié à Dˡˡᵉ Antoinete Leroi en 1649, et à Dˡˡᵉ Marguerite Desgranges en 1680. Il parut aux assemblées généralles de l'Hôtel de ville aprez le siège.

Jeanne Masson étoit femme de Jacques Jannot en 1652.

Pierete Masson, fille, fut marraine en 1653.

Edme Matenet fut parrain en 1636.

Sʳ Etienne Mathe, dit Rémoulins, marchand, hôte du logis de la Fleur de Lys, fut parrain en 1637, étoit marié à Jeanne Pecot en 1638. Il parut aux assemblées généralles de l'Hôtel de ville aprez le siège.

Dˡˡᵉ Françoise Mathe étoit femme du Sʳ Guillaume Oudier en 1630.

Dˡˡᵉ Nicole Mathey, femme du Sʳ Pierre Boivaut, receveur au grenier à sel, en 1630.

Antoinette Mathey étoit femme de George Beruchot en 1633.

Marguerite Mathey, femme d'Etienne Villeret en 1632, et de Jacques Chevalot, caporal de la compagnie de Mʳ de Drassy, en 1641.

Dˡˡᵉ Nicole Mathieu étoit femme d'André Barron, marchand potier d'étain, en 1638.

Barbe Matyron étoit femme de Claude Perrin, maître tixier de toile, en 1660.

Claude Mauclerc étoit marié à Françoise Jurain en 1623, vivoit en 1635. Il parut aux assemblées généralles de l'Hôtel de ville avant le siège et non aprez.

Jean Mauclerc vivoit en 1641. Il parut aux assemblées généralles de l'Hôtel de ville aprez le siège.

Emilland Maugirard étoit marié à Françoise Buisson en 1657. Il parut aux assemblées de ville aprez le siège.

François Mauguin, maître tixier de toile, étoit marié à Simone Bazot en 1660.

D^{lle} Antoinette Maujardin étoit femme du Sr Philibert Carillon, marchand, en 1654.

Jeanne Maurier étoit femme de Jean Lescrivain, batelier, en 1645.

Claude Mauvailler étoit marié à Claudine Brenot en 1631. Il parut aux assemblées de ville avant le siège et non aprez.

Anne Mauvailler fut marraine en 1638, étoit femme de Christophle Creusot, maître tixier de toile, en 1658.

Charlote Melene étoit femme de Pierre Morot, soldat de la compagnie de M^r de St Point, en 1642.

Benigne Melene étoit femme de Claude Poirot, maître taquier, en 1660.

Dame Marguerite Melenet étoit femme du Sr Jean Bataillon, avocat, en 1680.

Jeanne Menageot étoit femme d'Emilland Villermot en l'année 1636.

Pierre Menager, maître bourrelier, mari de Claudine Lebaume en 1641, de Jeanne Lebeuf en 1644, et de Jeanne Jolyot en 1650. Il parut aux assemblées de ville aprez le siège.

Claude Menetrier, marchand, fut parrain d'un enfant en 1637, étoit mari de Philiberte Visenne en 1638. Il parut aux assemblées génералles de l'Hôtel de ville aprez le siège.

François Menetrier étoit marié à Philiberte Langevin en 1634. Il parut aux assemblées de ville avant le siège et non aprez.

D^lle Denise Menetrier étoit femme du Sr Jean Girardenot, notaire du marquisat de Laperrière, en 1636, vivoit en 1641.

Antoinete Menetrier étoit femme de George Bluchot, manouvrier, en 1642.

Barbe Menetrier étoit femme de Claude Maillot, manouvrier, en 1644.

Claudine Meniot, fille, fut marraine d'un enfant en 1638.

Claude Mercy étoit marié à Claudine Guibourg en 1652.

Pierre Messager fut parrain d'un enfant en 1632.

Claudine Meure, femme d'Etienne Lambert, en 1634, vivoit en 1639.

Benigne Micard, maître maçon, étoit marié à Françoise Piot en 1658.

Pierre Micaut, fils de Pierre Micaut, marchand, né le 30 novembre 1625, fut marchand et parrain en 1636 et en 1649. Il parut aux assemblées génerralles de l'Hôtel de ville aprez le siège.

D^lle Françoise Micaut étoit femme de Jacques Baranger en 1635, et du Sr Nicolas Paha, maître chirurgien, en 1640.

D^lle Susanne Micaut, femme du Sr Etienne Gaignet, notaire et procureur en 1631, fut marraine d'un enfant en 1638.

Claude Michaud, manouvrier, étoit marié à Jeanne Leboy en 1638, et à Huberte Maldan en 1650. Il parut aux assemblées génerralles de l'Hôtel de ville avant et aprez le siège.

Jean Michaud vivoit en 1654. Il parut aux assemblées génerralles de l'Hôtel de ville aprez le siège.

Bernard Michaud fut parrain d'un enfant en 1634. Il parut aux assemblées de ville avant le siège et non aprez.

Philibert Michel, sergent de l'échevinage, mari de Philiberte Vallière en 1627, fut parrain d'un enfant en 1638. Il parut aux assemblées génerallés de l'Hôtel de ville avant et aprez le siège.

Jean Michel fils, né le 26 décembre 1628, fut parrain d'un enfant en 1642, vivoit en 1650.

Sr Réné Michel, marchand, étoit marié à Marguerite Molesme en 1632, fut parrain d'un enfant en 1636, vivoit en 1638. Il parut aux assemblées de ville avant et aprez le siège.

Jean Michel, huilier, fut parrain d'un enfant en 1635, étoit mari de Denise Charniot en 1642. Il parut aux assemblées génerallés de l'Hôtel de ville aprez le siège.

Oudete Michel étoit femme de Laurens Rimier, maître tixier de toile, en 1660.

Pierre Michelot père, maître cordonnier, étoit marié à Claudine Garnier en 1622, et à Denise Maillot en 1641. Il parut aux assemblées génerallés de l'Hôtel de ville avant et aprez le siège.

Pierre Michelot fils, né le 19 juillet 1625, fut marchand et parrain d'un enfant en 1649.

Sr Philibert Michelot l'ancien, marchand, étoit marié à D^{lle} Marie Lescrivain en 1640. Il parut aux assemblées génerallés de l'Hôtel de ville avant et aprez le siège.

Sr Philibert Michelot le jeune, notaire et procureur, étoit marié à D^{lle} Denise Garnier en 1626, à D^{lle} Marguerite Millot en 1629, et à D^{lle} Marie Germain, étant chevalier de l'arc en 1638. Il parut aux assemblées génerallés de l'Hôtel de ville avant et aprez le siège.

D^{lle} Françoise Michelot étoit femme du Sr Pierre Boisot père, procureur, en 1635.

Claudine Michelot, fille de François Michelot, maître cordonnier, fut marraine d'un enfant en 1638.

Claudine Michelot fut marraine en 1636, étoit femme de Claude Joissenet en 1648.

Claude Michon fut parrain d'un enfant en 1633.

Claudine Michon, fille, fut marraine d'un enfant en 1641.

Jacques Midy, soldat de la compagnie de Mr de Torcy, étoit marié à Claudine Chapuis en 1640.

Philiberte Mignot, femme de Michel Vauthey, en 1622, fut marraine d'un enfant en 1639.

Claudine Mignot, fille, fut marraine d'un enfant en 1632.

Thibaude Mignot, femme d'Antoine Tanon, marchand boucher, en 1632, et d'Edme Vaudrey, manouvrier, en 1646.

Jean Miguet, huilier, fut parrain d'un enfant en 1642.

Françoise Milleret étoit femme de Pierre Vigneret en 1634.

Dlle Claudine Millon fut marraine d'un enfant en 1644, étoit femme du Sr Pierre Desgranges puîné, procureur, en 1658.

Sr Jean Millot, maître chirurgien, marié à Dlle Nicole Guillemain en 1620, vivoit en 1642.

Sr Pierre Millot, procureur, fut parrain d'un enfant en 1621, étoit procureur syndic en 1640, et marié à Dlle Claudine Bauté en 1641 ; étoit aussi chevalier du Jeu de l'arc en 1638, et parut aux assemblées générailles de l'Hôtel de ville aprez le siège.

Jean Millot, hôte et cabaretier, étoit marié à Marciene Paulet en 1622, et à Anne X... en 1636, mort avant le siège. Il parut aux assemblées de ville avant le siège seulement.

Pierre Millot, marchand boucher, étoit marié à Claudine Moutrille en 1649. Il parut aux assemblées de ville aprez le siège.

Antoine Millot, maître maréchal ferrant, étoit marié à Anne Jaquelin en 1648. Il parut aux assemblées de ville aprez le siège.

D⁻ˡˡᵉ Anne Millot, femme du S⁻ʳ Gabriel Gaillard, maître chirurgien, fut marraine d'un enfant en 1651.

D⁻ˡˡᵉ Marie Millot étoit femme du S⁻ʳ Nicolas Vaudrey le jeune, marchand, en 1640.

D⁻ˡˡᵉ Catherine Millot étoit femme du S⁻ʳ Philibert Michelot, notaire et procureur, en 1629.

Dame Marguerite Millot, née le 12 novembre 1626, étoit femme du S⁻ʳ Germain Bertrand, écuyer, en 1653.

Jeanne Millot, née le 18 août 1627, étoit femme de Baltazard Visene, huilier, en 1657.

Barbe Millot, femme de Jacques Morron le jeune en 1629, vivoit en 1636.

D⁻ˡˡᵉ Claudine Millot fut marraine d'un enfant en 1631, étoit femme du S⁻ʳ Antoine Chauveau, maître chirurgien, en 1641.

Elizabeth Millot étoit femme de Claude Sarconet en 1636.

Jeanne Millot étoit femme d'Antoine Coppin, maître chapelier, en 1636, et de Jean Petitjean, marchand boucher, en 1639.

Claude Miniard étoit marié à Anne Trocherot en 1651. Il parut aux assemblées générales de l'Hôtel de ville aprez le siège.

Benigne Miniard vivoit en 1654. Il parut aux assemblées générales de l'Hôtel de ville aprez le siège.

Philiberte Minot, bouchère, fut marraine d'un enfant en 1641.

Claudine Minot étoit femme de Gaspard Renard, maître bourrelier, en 1641.

Claude Mion, maître maréchal, étoit marié à Françoise Talouze en 1643. Il parut aux assemblées de ville aprez le siège.

Baltazard Mion fut parrain d'un enfant en 1648.

Antoine Mion, manouvrier, étoit marié à Françoise Debillan en 1650. Il parut aux assemblées de ville aprez le siège.

Antoinette Mion, fille, fut marraine d'un enfant en 1648.

Sr Pierre Mochet père, dit Delabeluze, mari de dame Marie Gaillard en 1623, vivoit en 1637.

Sr François Mochet fils, fut parrain en 1624, et en 1648.

Sr Claude Mochet fils, né le 11 septembre 1626, fut parrain d'un enfant en 1647.

Sr Nicolas Mochet père, procureur du Roi au grenier à sel, étoit marié à D^{lle} Elizabeth Javouhey en 1621, fut parrain en 1628, échevin en 1635, chevalier du Jeu de l'arc en 1638. Il parut aux assemblées génerralles de l'Hôtel de ville avant le siège et non aprez.

Nicolas Mochet fils, né le 6 décembre 1634, fut parrain en 1646.

Sr Pierre Mochet, lieutenant criminel au baillage, étoit marié à D^{lle} Marguerite Besancenot en 1623, vivoit en 1635, mort en 1636, avant le siège. Il parut aux assemblées génerralles de l'Hôtel de ville avant le siège seulement.

Dame Marthe Mochet, fille du Sr Pierre Mochet, lieutenant criminel, née le 5 octobre 1624, étoit femme du Sr Jean Baptiste Hutet, lieutenant civil au baillage, en 1646.

D^{lle} Marguerite Mochet, fille du Sr Pierre Mochet dit Delabeluze, fut marraine en 1626 et en 1637.

D^lle Elizabeth Mochet, fille du Sr Mochet Delabeluze, née le 3 janvier 1628, fut marraine d'un enfant en 1643.

Edme Modet, soldat de la compagnie de Mr Mouchet, étoit marié à Germaine Goudot en 1649.

Denise Moignard étoit femme de Jacques Levêque en 1631, et de Jacques Henriot, maître boulanger, en 1640.

Claude Moinsot fut parrain en 1620 et en 1646.

Jean Moisson père, maître tixier de toile, étoit associé à la confrairie du St Sacrement en 1649.

François Moisson fils, maître tixier de toile, mari de Denise Morisot en 1625, vivoit en 1631. Il parut aux assemblées généralles de l'Hôtel de ville avant le siège et non aprez.

Jean Moisson, fils, mesureur de grains, mari de Claudine Adam en 1636, étoit marguillier en 1649. Il étoit chevalier du Jeu de l'arc en 1635, roi de l'oiseau en 1636 et connétable en 1638. Il parut aux assemblées de ville aprez le siège.

Pierre Moisson fut parrain étant marguillier en 1650. Il étoit chevalier du Jeu de l'arc en 1668, fut roi de l'oiseau en 1669 et en 1680.

Jeanne Moisson, femme de Claude Lelàche en 1620, vivoit en 1636.

Juliene Moisson fut marraine d'un enfant en 1633, étoit femme de Remy Bazin, tambour de la compagnie de Mr Mouchet, en 1642.

Anne Moisson, fille, fut marraine d'un enfant en 1650.

D^lle Antoinete Mol étoit femme du Sr Claude Garnier, marchand, en 1633, et du Sr Jean Pierre, notaire et procureur en 1641.

François Mol vivoit en 1651. Il parut aux assemblées généralles de l'Hôtel de ville aprez le siège.

Vivand Molesme étoit marié à Marguerite Lauraut en 1624, et à Marguerite Thibaut en 1629. Il parut aux assemblées généralles de l'Hôtel de ville avant le siège et non aprez.

Jean Molesme fut parrain d'un enfant en 1631.

D^{lle} Marguerite Molesme étoit femme du Sr Réné Michel, marchand, en 1632, et du Sr Antoine Baufort, marchand et secrétaire de la chambre de M^r de St Point, en 1643.

Claudine Mongenot (*Alias* Mougenot) étoit femme du Sr Simon Bridier, marchand, en 1621, vivoit en 1635.

Claudine Mongin étoit femme de Jean Hugard, tailleur d'habits, en 1651.

D^{lle} Françoise Monin étoit femme du Sr Jacques Laverne, greffier de l'échevinage, et fut marraine en 1646.

Sr Antoine Moniot, recteur du collège, étoit marié à D^{lle} Susanne Treuchot en 1647, et à D^{lle} Anne Thibaut en 1649.

François Montplaisir vivoit en 1631. Il parut aux assemblées généralles de l'Hôtel de ville avant le siège et non aprez.

Sr Jacob Morel, marchand, mari de D^{lle} Claudine Robin en 1621, bâtonnier de la confrairie de St Jean Baptiste en 1629, vivoit en 1635. Il parut aux assemblées généralles de l'Hôtel de ville avant le siège et non aprez.

Sr Jean Morel père, notaire et procureur, étoit échevin et marié à D^{lle} Claudine Passard en 1636, vivoit en 1648. Il parut aux assemblées généralles de l'Hôtel de ville avant et aprez le siège.

Sr Jacob Morel fils, né 6 novembre 1623, étoit procureur du Roi en la châtellenie de Brazey et marié à D^{lle} Anne Trebillon en 1658.

Sr Jean Morel fils, né le 3 septembre 1626, étoit procureur et marié à D^{lle} Marie Thiédor en 1680.

D^lle Claudine Morel étoit femme du Sr Jean Boisot père, marchand, en 1626, et du Sr Antoine Renevey, marchand, en 1658.

D^lle Marguerite Morel fut marraine d'un enfant en 1628, étoit femme du Sr Pierre Germain, marchand, en 1650.

D^lle Marguerite Morel, née le 15 juillet 1628, fut marraine d'un enfant en 1641.

D^lle Claudine Morel, fille, étoit associée à la confrairie du St Sacrement en 1649.

Etienne Morin, soldat de la compagnie de M^r de St Point, étoit marié à Claudine Picard en 1640.

Catherine Morisot, femme de Bernard Royer en 1622, fut marraine d'un enfant en 1649.

Oudete Morisot étoit femme de Toussaint Valère, soldat de la garnison, en 1633.

D^lle Catherine Morisot, veuve du Sr Edme Bochetel, lieutenant d'une compagnie de la garnison, fut marraine d'un enfant en 1649.

Noble Claude Morlot, capitaine châtelain de Brazey et prévôt royal de St Jean de Lône, fut parrain d'un enfant en 1631, étoit marié à dame Marguerite de Balofert en 1643.

Sr François Morlot vivoit en 1630. Il parut aux assemblées générales de l'Hôtel de ville avant le siège et non aprez.

D^lle Marcienne Morlot étoit femme du Sr Pierre Micaut, marchand, en 1627, veuve en 1634, fut marraine d'un enfant en 1637.

Françoise Morlot, fille, vivoit en 1640.

Pierre Moroge fut parrain d'un enfant en 1641.

Jacques Morron l'ancien vivoit en 1636.

Jacques Morron le jeune, mari de Barbe Millot en 1629, vivoit en 1636.

Antoine Morron, maître boulanger, étoit marié à Claudine Robergot en 1646.

Antoine Morron, marchand mercier, étoit marié à Claudine Robardet en 1649.

Marguerite Morron, veuve de Jean Saget, maître boulanger, en 1634, fut marraine d'un enfant en 1637.

Leonarde Morron étoit femme de Jacques Brisebarre, maître tixier de toile et sergent de ville, en 1639.

Anne Morron étoit femme de Pierre Robin, manouvrier, en 1646.

Marthe Morron fut marraine d'un enfant en 1648.

Pierre Morot, soldat de la compagnie de Mr de St Point, étoit marié à Charlote Melene en 1642. Il parut aux assemblées géneralles de l'Hôtel de ville aprez le siège.

Benigne Mortalot étoit associé à la confrairie du St Sacrement en 1649.

Louis Mortuet étoit marié à Jeanne Surret en 1636, vivoit en 1637.

Magdelaine Mouchenaire étoit femme de Pierre Henry, maître tixier de toile, en 1660.

Anne Moutenot étoit femme de Michel Renyer en 1644.

Claudine Moutrille fut marraine d'un enfant en 1645, étoit femme de Pierre Millot, marchand boucher, en 1649.

Françoise Moutrille étoit femme de Claude Berthe, maître bourrelier, en 1646.

Jean Munier, maître bourrelier, étoit marié à Anne Fremi en 1657. Il parut aux assemblées de ville aprez le siège.

Claude Munier, mari de Pierrete Converset, en 1629, vivoit en 1638.

Toussaint Munier, maître charron, étoit marié à Anne

Raillard en 1660. Il parut aux assemblées de ville aprez le siège.

Jean Munier, maître charpentier, étoit marié à Jeanne Roi en 1660. Il parut aux assemblées de ville aprez le siège.

Jean Murotet étoit associé à la confrairie du St Sacrement en 1649.

Jean Mussot, maître tixier de toile, étoit marié à Denise Bouvot en 1648. Il parut aux assemblées de ville aprez le siège.

Sr François Mutin, maître chirurgien, étoit marié à D^{lle} Benigne Bauffey en 1636. Il parut aux assemblées géneralles de l'Hôtel de ville avant le siège et non aprez.

D^{lle} Claudine Mutin étoit femme du Sr Jean Ramaille, marchand, en 1649.

N

Claudine Nairon, fille, fut marraine d'un enfant en 1646.

Claudine Nancy, fille de feu Pierre Nancy, fut marraine d'un enfant en 1633.

Claudine Neron, femme de Girard Barois, organiste, en 1635, veuve en 1636.

George Neveu, marchand, étoit marié à Jeanne Pain en 1631, et à Nicole Guisain en 1641, mort en 1645. Il parut aux assemblées de ville avant et aprez le siège.

Mathieu Neveu vivoit en 1631. Il parut aux assemblées géneralles de l'Hôtel de ville avant le siège et non aprez.

Benigne Nicard vivoit en 1658. Il parut aux assemblées géneralles de l'Hôtel de ville aprez le siège.

Pierre Nicolas, maître d'école, étoit marié à Catherine Petit en 1640.

Dame Anne Nicolas étoit femme du Sr Bonaventure Girot, enseigne de la compagnie de M^r des Essarts, en 1642.

Sr Claude Nivelet père, grainetier au magasin à sel, mari de D^{lle} Claudine Javouhey en 1622, vivoit en 1639. Il parut aux assemblées de ville avant le siège et non aprez.

Sr Claude Nivelet fils, greffier de l'échevinage, mari de D^{lle} Anne Guillet en 1626, mort en 1637. Il parut aux assemblées de ville avant le siège et non aprez.

D^{lle} Denise Nivelet, fille du Sr Claude Nivelet, grenetier, née le 30 décembre 1632, fut marraine d'un enfant en 1638.

D^{lle} Anne Nivelet, fille du Sr Claude Nivelet, fut marraine en 1633.

D^{lle} Françoise Nivelet, née le 26 octobre 1634, étoit femme du Sr Louis Charpy, avocat, en 1658.

D^{lle} Elizabeth Nivelet, née le 19 août 1623, étoit femme du Sr François Boisot, bourgeois, en 1650.

Marguerite Nolson, fille, étoit associée à la confrairie de St Jean Baptiste en 1640.

Baltazard Norman, soldat de la compagnie de Mr Mouchet, étoit marié à Magdelaine Bailly en 1647. Il parut aux assemblées génerralles de l'Hôtel de ville aprez le siège.

O

Elizabeth Oidelot, fille, fut marraine d'un enfant en 1650.

Sr Philibert Oidelot père, greffier de l'échevinage, étoit marié à D^{lle} Jeanne Berthelier, en 1638, et chevalier du Jeu de l'arc en 1639. Il parut aux assemblées génerralles de l'Hôtel de ville aprez le siège.

Sr Claude Oidelot fils fut parrain d'un enfant en 1645.

Guillaume Oudier père étoit marié à Françoise Mathe en l'année 1630.

Baltazard Oudier fils fut parrain en 1633.

Guillaume Oudier fils fut parrain en 1633.

Toussaint Oudier fut parrain en 1635.

Claude Oudier fut parrain en 1636, étoit marié à Oudette Pauthier en 1636, mort en 1638.

Françoise Oudier, femme de Baltazard Clerc en 1627, vivoit en 1636.

Antoinete Oudier étoit femme de Baltazard Visene, marchand, en 1636.

Marcienne Oudier, fille, fut marraine en 1648.

Claudine Oudier étoit femme d'Hilaire Guibourg en l'année 1633.

Jean Oudinet vivoit en 1648. Il parut aux assemblées générales de l'Hôtel de ville aprez le siège.

P

Sr Nicolas Paha père, maître chirurgien, étoit marié à D^lle Françoise Micaut en 1640. Il parut aux assemblées générales de l'Hôtel de ville aprez le siège.

Sr Nicolas Paha fils, maître chirurgien, fut parrain d'un enfant en 1624, étoit chevalier du Jeu de l'arc en 1639, fut roi de l'oiseau en 1642, étoit marié à D^lle Marie Jaugey en 1651.

Sr Claude Paha, marchand, mari de D^lle Françoise Paquot en 1625, et de D^lle Antoinette Thomassot en 1631, vivoit en 1636, mort en 1638. Il parut aux assemblées généralles de l'Hôtel de ville avant le siège et non aprez.

Philiberte Paha étoit femme de Pierre Bardeau, maître

boulanger, en 1625, et de Baltazard Jolivet, charron, en 1630, vivoit en 1640.

Jeanne Paha étoit femme de Sebastien Lavahier, maître boulanger, en 1634.

Claudine Paha fut marraine d'un enfant en 1640.

Marguerite Paha fut marraine d'un enfant en 1643.

Barbe Paillerot fut marraine d'un enfant en 1625, étoit femme de Blaise Bernard, marguillier, en 1636, vivoit en 1640 (1).

Claudine Paillerot fut marraine en 1629, étoit femme d'Hugues Philippon, maître tixier de toile, en 1641.

Jeanne Paillot étoit femme de Vincent Juillet, marguillier, en 1636, et commis à la guette de la ville en 1649.

Jeanne Pain étoit femme de George Neveu, marchand, en 1631, vivoit en 1641.

Claudine Pain étoit femme de Jean Bougon en 1633.

Barthelemine Pain étoit femme du Sr Pierre Marchant, principal du collège, en 1644.

Claudine Pain, fille, fut marraine d'un enfant en 1646.

Claudine Palhu, femme de Denis Patin, étoit associée à la confrairie du St Sacrement en 1649.

Claude Paquot fut parrain d'un enfant en 1634.

Claudine Paquot, femme de Claude Lamblaye, manouvrier, en 1635, vivoit en 1637.

Françoise Paquot, fille, fut marraine d'un enfant en 1638.

Alexandre Pariau vivoit en 1657. Il parut aux assemblées générales de l'Hôtel de ville aprez le siège.

Sr Claude Parris, maître chirurgien, mari de D^{lle} Benigne Perrier, en 1638, vivoit en 1650.

---

(1) Ms. D., en 1638.

Sʳ Jean Parris, maître chirurgien, étoit associé à la confrairie du Sᵗ Sacrement en 1649.

Sʳ Nicolas Parris, maître chirurgien, fut parrain en 1638.

Dˡˡᵉ Philiberte Parris (*alias* Paris), femme du Sʳ Claude Dion, maître chirurgien, en 1632, vivoit en 1636.

Philiberte Parris étoit femme de Baltazard Jolivet, maître charron, en 1638.

Claudine Parris, fille, fut marraine d'un enfant en 1659.

Claudine Parisy étoit femme de Jean Daller, en 1621, vivoit en 1632.

Jean Parre, maître cordonnier, étoit marié à Marie Barbier en 1634, et à Jeanne Turel en 1638. Il parut aux assemblées généralles de l'Hôtel de ville avant et aprez le siège.

Pierre Parre, batelier, étoit marié à Antoinete Fremi en 1638. Il parut aux assemblées de ville aprez le siège.

François Parre, marchand, étoit marié à Dˡˡᵉ Jeanne Louhet en 1660.

Claude Parre, maître taquier, fut parrain en 1638 et en 1659. Il parut aux assemblées généralles de l'Hôtel de ville aprez le siège.

Adrienne Parrot, femme de Pierre Larmelin, batelier, en 1633, vivoit en 1640.

Sʳ Louis Passard, docteur en médecine, mari de dame Jeanne Berard en 1621, vivoit en 1639, parut aux assemblées avant et aprez le siège.

Pierre Passard, tonnelier, mari de Claudine Maire en 1639 et de Claudine Lorot en 1642.

Claude Passard étoit marié à Antoinette Alard en 1620, et à Claudine Visene en 1631. Il parut aux assemblées de l'Hôtel de ville avant le siège et non aprez.

Marguerite Passard, née le 18 avril 1621, fut marraine d'un enfant en 1643.

D^{lle} Claudine Passard, femme du Sr Jean Morel, notaire et procureur en 1623, vivoit en 1640.

D^{lle} Jeanne Passard, née le 20 février 1625, fut marraine d'un enfant en 1654.

D^{lle} Pierrete Passard fut marraine en 1624 et en 1637.

D^{lle} Marie Passard fut marraine d'un enfant en 1630, étoit femme du Sr Claude Jolivet, marchand, en 1649, et du Sr Daniel Naissant, auditeur en la Chambre des comptes de Dijon en 1656.

Denis Patin étoit marié à Claudine Palhu en 1649.

Claude Paton étoit marié à Vivande Billeret en 1649.

François Paton, maître maçon, étoit mari de Vivande Viégo en 1645, d'Huguete Goillot en 1648, et de Vivande Billey en 1650. Il parut aux assemblées de ville aprez le siège.

Denise Paton, femme de Pierre Lauraut en 1635 et de Jean Berlogier, soldat de la compagnie de Mr Mouchet, en 1646.

Sr Jean Patrouillet, maître chirurgien, fut bâtonnier de St Jean en 1624 (1), étoit mari de D^{lle} Etienette Daller en 1621 et de D^{lle} Nicole Quarré en 1649, fut parrain d'un enfant en 1638, et parut aux assemblées génèralles de l'Hôtel de ville avant et aprez le siège.

Sr Pierre Patrouillet, maître chirurgien, fut parrain d'un enfant en 1632, étoit marié à Marie Fèvre en 1641. Il parut aux assemblées génèralles de l'Hôtel de ville aprez le siège, et étoit chevalier du Jeu de l'arc en 1643.

---

(1) Ms. D.

D^lle Marguerite Patrouillet, femme du Sr Benigne Devillebichot, maître chirurgien, en 1628.

D^lle Judith Patrouillet vivoit en 1658.

Pierre Patureau étoit marié à Marguerite Bouvier en 1640. Il parut aux assemblées de ville aprez le siège.

Anna Patureau étoit femme de Jacques Juillet le jeune, marchand cerclier, en 1658.

Claude Paulet, mari de Huberte Rousselot en 1628, et de Nicole Guyet en 1636.

Claudine Paulet étoit femme de Jacob Legendre en 1635, vivoit en 1637.

Marie Paulet, femme de Guy Legendre en 1636, fut marraine d'un enfant en 1646.

Antoinete Pauthier étoit femme de Jean Petitjean, marchand boucher, en 1649.

Oudette Pauthier étoit femme de Claude Oudier en 1636, veuve et marraine d'un enfant en 1638.

Jeanne Pauthier étoit femme de Pierre Trée, maître tixier de toile, en 1638.

Claudine Pauthier, fille, fut marraine d'un enfant en 1640.

Jacquete Pauthier étoit femme de Nicolas Cordier, soldat de la garnison, en 1649.

Nicolas Payen, appointé de la compagnie de M^r de St Point, étoit marié à Simone Gruote en 1638.

Denise Pelavet, femme d'Elie Barbotin, marchand boucher, en 1637, vivoit en 1650.

Jean Pecot (1), marchand boucher, fut parrain en 1637 et en 1642. Il parut aux assemblées de ville avant et aprez le siège.

---

(1) Ce mot est écrit Pecaut dans le ms. D.

Claudine Pecot étoit femme de Nicolas Dagueret, marchand cloutier, en 1630.

Jeanne Pecot fut marraine d'un enfant en 1635, et femme d'Etienne Mathe, hôte du logis de la Fleur de Lys, en l'année 1638.

Denise Pecot fut marraine d'un enfant en 1635, étoit femme de Baltazard Simon, maître cordonnier, en 1637.

Dlle Anne Pecot fut marraine d'un enfant en 1635, et femme du Sr Alexandre Margeot, marchand drapier, en l'année 1639.

Noel Pelletier, huilier, étoit marié à Claudine Godard en 1624, vivoit en 1630. Il parut aux assemblées de ville avant le siège et non aprez.

Sr Jean Pelletier père, procureur du Roi au baillage, mari de dame Jeanne Chesne, en 1631, vivoit en 1639. Il parut aux assemblées de ville avant et aprez le siège, et étoit chevalier du Jeu de l'arc en 1638.

Sr Nicolas Pelletier fils, fut parrain en 1634 et en 1640, et étoit chevalier du Jeu de l'arc en 1645.

Sr Jacob Pelletier fils fut parrain d'un enfant en 1639.

Dlle Pierrete Pelletier, femme du Sr Antoine Boisot puiné, procureur en 1634, vivoit en 1650.

Dlle Marguerite Pelletier, fille du Sr Jean Pelletier, procureur du Roi, née le 15 mars 1635, fut marraine d'un enfant en 1638 et d'un autre en 1651.

Jean Penuchot, maître maçon, étoit marié à Marthe Guaidon en 1637, et à Jeanne Gault en 1649. Il étoit chevalier du Jeu de l'arc en 1643 et parut aux assemblées génerralles de l'Hôtel de ville aprez le siège.

Dlle Didiere Perchey étoit femme du Sr Alexandre Margeot, marchand drapier, en 1636.

D^lle Antoinete Pernet étoit femme du Sr Claude Desmoulins en 1634.

François Pernon étoit associé à la confrairie du St Sacrement en 1649.

Mathieu Perrier, huissier au grenier à sel, mari de D^lle Benigne Robin en 1622, fut parrain d'un enfant en 1638. Il parut aux assemblées de ville avant et aprez le siège.

Sr Nicolas Perrier père, marchand, mari de D^lle Oudete Villot en 1623, fut bâtonnier de la confrairie de St Jean Baptiste en 1628 et parrain d'un enfant en 1636. Il parut aux assemblées de ville avant le siège et non aprez.

Sr Nicolas Perrier fils, avocat, étoit chevalier du Jeu de l'arc, en 1638, et associé à la confrairie du St Sacrement, en 1649.

Pierre Perrier fut parrain d'un enfant en 1621, vivoit en 1630. Il parut aux assemblées de ville avant le siège et non aprez.

Sr François Perrier, marchand, mari de D^lle Claudine Philippe, en 1634, vivoit en 1636. Il parut aux assemblées générales de l'Hôtel de ville avant le siège et non aprez.

D^lle Marie Perrier, femme du Sr Claude Germain, marchand, en 1621, fut marraine en 1636 et en 1638.

D^lle Denise Perrier fut marraine d'un enfant en 1623, étoit femme du Sr Jean André, marchand, en 1643.

D^lle Marie Perrier, née le 13 août 1623, fut marraine d'un enfant en 1639 et d'un autre en 1640.

D^lle Benigne Perrier fut marraine d'un enfant en 1624, étoit femme du Sr Claude Paris, maître chirurgien, en 1638, vivoit en 1650.

D^lle Elisabeth Perrier, fille de feu Mathieu Perrier, huissier, née le 1er juin 1625, fut marraine d'un enfant en 1653, religieuse et première directrice de l'hôpital en 1660.

Claude Perrin, maître tixier de toile, étoit marié à Barbe Matyron en 1660.

Jean Petaut étoit associé à la confrairie du S⁺ Sacrement en 1649.

Nicolas Petit étoit marié à Marguerite Juillet en 1630.

Henri Petit, pescheur, étoit marié à Louise Baudoin en 1644. Il parut aux assemblées de ville aprez le siège.

Richard Petit, maître charpentier, étoit marié à Claudine Baranger en 1645.

Pierre Petit, soldat de la compagnie de Mʳ de S⁺ Point, étoit marié à Claudine Quoliby en 1647.

Charlote Petit étoit femme d'André Gallot en 1636, vivoit en 1639.

Anne Petit étoit femme de Philippe Queniot en 1636.

Catherine Petit étoit femme de Pierre Nicolaï, maître d'école, en 1640.

Nicolas Petitjean étoit marié à Marciene Theurel en 1636.

Claude Petitjean, marchand boucher, étoit marié à Marie Rousselet en 1660.

Jean Petitjean, marchand boucher, mari d'Eve Besançon en 1636, de Jeanne Millot en 1639, et d'Antoinette Pauthier en 1649. Il parut aux assemblées génerralles de l'Hôtel de ville aprez le siège.

Sʳ Remy Petitjean, marchand, étoit marié à Dˡˡᵉ Catherine Renard en 1636, (fut parrain en 1643) (1); fut bâtonnier de la confrairie de S⁺ Jean Baptiste en 1650, étoit chevalier du Jeu de l'arc en 1652, et fut roi de l'oiseau en 1658. Il

---

(1) Ms. D.

parut aux assemblées généralles de l'Hôtel de ville aprez le siège.

Sarra Petitjean, fille de Jean Petitjean, boucher, fut marraine d'un enfant en 1640.

Marguerite Petitjean, fille, fut marraine en 1641.

Claudine Petitjean étoit femme de Jacques Roch, manouvrier, en 1660.

Denise Petitjean, fille, fut marraine d'un enfant en 1646.

D^{lle} Anne Petitjean, fille du Sr Remy Petitjean, marchand, fut marraine d'un enfant en 1647, étoit femme de Jean Declumes, avocat, en 1655.

D^{lle} Marie Petitjean, fille du Sr Remy Petitjean, marchand, étoit femme du Sr Jean Delaplace en 1649 et du Sr Jacob de Saubusse fils, dit de la Pesche, en 1660.

Sr Nicolas Philippe, marchand apoticaire, mari de Jeanne Vautereau en 1621, vivoit en 1636, mort en 1640.

Marc Antoine Philippe fut parrain en 1631 et en 1635.

D^{lle} Claudine Philippe, femme du Sr François Perrier, marchand en 1634, veuve et marraine en 1637.

Claude Philippon, mari d'Antoinete Louhet en 1621, vivoit en 1631. Il parut aux assemblées de ville avant le siège et non aprez.

Hugues Philippon, maître tixier de toile, étoit marié à Claudine Paillerot en 1641, et parut aux assemblées généralles de l'Hôtel de ville aprez le siège.

Marguerite Philippon, fille, fut marraine en 1652.

Claudine Picard, femme de Baltazard Gueuriet en 1635, et d'Etienne Morin, soldat de la compagnie de M^r de St Point, en 1640.

Anne Picard étoit femme de Jean Bouscaut en 1633.

Sr Jean Picardot, **maître chirurgien**, étoit marié à

D^lle Benigne Verderet en 1659. Il parut aux assemblées généralles de l'Hôtel de ville aprez le siège.

Claude Picardot, manouvrier, étoit marié à Philippe Potot en 1657. Il parut aux assemblées de ville aprez le siège.

Jeanne Picardot fut marraine d'un enfant en 1640, étoit femme de Claude Fournier, maître tixier, en 1650.

Sr Etienne Pierre, marchand, étoit marié à D^lle Guillemete Clivey en 1621, vivoit en 1636. Il parut aux assemblées généralles de l'Hôtel de ville avant le siège et non aprez.

Sr François Pierre, notaire et procureur, étoit mari de D^lle Claudine Chevalier en 1621, et de D^lle Geneviève Desgranges en 1638, étoit chevalier du Jeu de l'arc en 1638, et fut bâtonnier de la confrairie de St Jean Baptiste en 1658. Il parut aux assemblées généralles de l'Hôtel de ville avant le siège et non aprez.

Sr Christophle Pierre père, marchand, mari de D^lle Vivande Verderet en 1624, vivoit en 1650. Il étoit chevalier du Jeu de l'arc en 1638, et parut aux assemblées généralles de l'Hôtel de ville avant et aprez le siège.

Etienne Pierre fils, né le 31 mars 1634, fut parrain d'un enfant en 1643, et d'un autre en 1647.

Sr Jean Pierre, notaire et procureur, mari de D^lle Elisabeth Simon en 1636, et de D^lle Antoinette Mol en 1641, vivoit en 1643. Il fut bâtonnier de la confrairie de St Jean Baptiste en 1648, étoit chevalier du Jeu de l'arc en 1639, et fut roi de l'oiseau en 1643, en 1645 et en 1653. Il parut aux assemblées de ville aprez le siège.

Claude Pierre étoit associé à la confrairie du St Sacrement en l'année 1649.

Sr Denis Pierre étoit chevalier du Jeu de l'arc en 1654.

Jean Pierre, maître cordonnier et marchand, étoit mari de Marthe Larnaut en 1626, et d'Antoinette Maillot en 1653. Il parut aux assemblées génerallcs de l'Hôtel de ville aprez le siège.

D^{lle} Marie Pierre, fille du Sr Jean Pierre, procureur, née le 18 mars 1625, fut marraine en 1644.

D^{lle} Marguerite Pierre, fille du Sr Christophle Pierre, marchand, fut marraine d'un enfant en 1626, étoit femme du Sr Etienne Desgranges, marchand, en 1656.

D^{lle} Claudine Pierre, fille du Sr Christophle Pierre, marchand, née le 12 may 1632, fut marraine en 1655.

D^{lle} Susanne Pierre, fille du Sr Christophle Pierre, marchand, fut marraine en 1640 et en 1650.

Françoise Piot étoit femme de Benigne Micard, maître maçon, en 1658.

Anatoile Piot, femme de Hector Richier, marchand cloutier, en 1643, vivoit en 1650.

Marguerite Piot, fille, fut marraine d'un enfant en 1642.

Claudine Piot étoit femme de Marcien Choquet, manouvrier, en l'année 1644.

Guillaume Piron, maître chaudronnier, mari d'Anne Damote en 1621, vivoit en 1636. Il parut aux assemblées génerallcs de l'Hôtel de ville avant le siège et non aprez.

Antoine Pirot (*alias* Pyrot), marchand boucher, fut parrain d'un enfant en 1643, étoit marié à Elizabeth Chauveau en 1652. Il parut aux assemblées génerallcs de l'Hôtel de ville aprez le siège.

Jean Pirot, manouvrier, étoit marié à Marguerite Etienne en l'année 1660.

Guillaume Pirotet vivoit en 1631. Il parut aux assemblées génerallcs de l'Hôtel de ville avant le siège et non aprez.

Sr Benigne Placard, marchand, vivoit en 1636. Il parut aux assemblées de ville avant le siège et non aprez.

Sr Etienne Placard, marchand, vivoit en 1630. Il parut aux assemblées de ville avant le siège et non aprez.

Jean Plutot, cordier, étoit marié à Barbe Lamblaye en 1646.

Anne Poccho étoit femme de Balthazard Gault, maître boulanger, en 1652.

Jean Pointrot étoit associé à la confrairie du St Sacrement en 1649 (1).

Pierre Pointrot, fils de Claude Pointrot, maître tixier de toile, né le 25 juin 1628, fut parrain d'un enfant en 1641.

Girard Pointrot, maître cordonnier, fut parrain en 1632, et en 1637. Il étoit chevalier du Jeu de l'arc en 1638.

Etienne Pointrot, soldat de la garnison, fut parrain en 1646.

Dlle Marie Pointrot, femme du Sr Barthelemi Ferrand, marchand et tailleur d'habits, en 1634, vivoit en 1638.

Dlle Marguerite Pointrot, née le 16 avril 1624, étoit femme du Sr Philibert Louhet, marchand, en 1653.

Barbe Pointrot, fille, fut marraine en 1634 et en 1636.

Catherine Pointrot fut marraine d'un enfant en 1636, étoit femme de Pierre Legendre, marchand, en 1645, et de Hubert Gaimain, lieutenant des gardes de sel, en 1657.

Claude Pointurier, maître tixier de toile, étoit marié à Françoise Granthibaut en 1642.

Claude Poirot, maître taquier, étoit marié à Benigne Melene en 1660.

Etienne Poissenet, soldat de la garnison, étoit marié à Louise Gariot en 1643.

---

(1) Les mss. renferment ici quelques interversions.

Bernard Popion étoit marié à Claudine Chevalier en 1632, et à Marguerite Boulée en 1636, fut parrain en 1638. Il parut aux assemblées générales de l'Hôtel de ville avant le siège et non aprez.

François Portelet étoit marié à Françoise Maldan en 1657.

Leger Porterot, manouvrier, étoit marié à Denise Ganot en 1642.

Claudine Porterot, fille, fut marraine d'un enfant en 1648

Jean Potier fut parrain d'un enfant en 1632, étoit marié à Jeanne Debonamour en 1639.

Louise Potier, fille, fut marraine d'un enfant en 1640.

Philippe Potot étoit femme de Claude Picardot, manouvrier, en 1657.

Marie Poucelot, fille, fut marraine d'un enfant en 1650.

Jean Poulain fut parrain d'un enfant en 1633, étoit marié à Denise Thomazot en 1650. Il parut aux assemblées générales de l'Hôtel de ville aprez le siège

Marciene Poulain étoit femme de Gaspard Visene en 1650.

Pierre Poulain fut parrain en 1634 et en 1637.

Gervais Poulet, maître pâtissier, mari de Nicole Viégo en 1636, vivoit en 1638. Il parut aux assemblées générales de l'Hôtel de ville avant et aprez le siège.

Sr François Poulet étoit marié à D^{lle} Marguerite Desgranges en 1628, vivoit en 1638. Il parut aux assemblées générales de l'Hôtel de ville avant le siège et non aprez.

Christine Poulet, fille de Gervais Poulet, pâtissier, fut marraine d'un enfant en 1651.

Claude Pousot, maître cordonnier, mari de Reine Dumay en 1638, vivoit en 1651.

Sr Gervais Poussis père étoit associé à la confrairie du St Sacrement en 1649 et chevalier du Jeu de l'arc en 1668.

Sr Claude Poussis père, sergent général, étoit mari de D^{lle} Françoise Rossin en 1621, de D^{lle} Oudette Gaillard en 1624, et de D^{lle} Antoinete Bigot en 1638. Il parut aux assemblées généralles de l'Hôtel de ville avant et aprez le siège.

Sr Claude Poussis fils, notaire et procureur, étoit procureur syndic et marié à D^{lle} Marie Germain en 1636, mort le 15 septembre 1636. Il parut aux assemblées généralles de l'Hôtel de ville avant le siège seulement.

Marie Poussis étoit femme de Nicolas Margue, maître tailleur d'habits, en 1634.

Pierrete Poussis, étoit femme de Pierre Leroux, maître cordonnier en 1645.

Jean Poussot vivoit en 1650. Il parut aux assemblées généralles de l'Hôtel de ville aprez le siège.

Simon Pouvot père, maître cordonnier, mari de Marguerite Chariere en 1621, vivoit en 1635. Il parut aux assemblées généralles de l'Hôtel de ville avant le siège et non aprez.

Claude Pouvot fils, né le 3 juin 1621, fut parrain en 1638.

Jean Pouvot étoit marié à Claudine Guisain en 1622 et à Claudine Puzin en 1624, vivoit en 1636. Il parut aux assemblées généralles de l'Hôtel de ville avant le siège et non aprez.

Anne Pouvot, née le 8 août 1625, fut marraine en 1636.

Etienne Prenelet, mari d'Etienette Sarron en 1624, vivoit en 1634. Il parut aux assemblées de ville avant le siège et non aprez.

Robert Prince fut parrain d'un enfant en 1630.

Denis Prince, portefaix, mari de Marguerite Fèvre en 1625, vivoit en 1640. Il parut aux assemblées générales de l'Hôtel de ville avant et aprez le siège.

Claudine Prince, femme de François Legendre en 1629, vivoit en 1633.

Pierre Priollet fut parrain d'un enfant en 1630.

Jeanne Priollet étoit femme de Laurens Girod, maître charpentier, en 1649.

Anne Proby étoit femme de Jacques Fichot, sergent en la compagnie de Mr Mouchet en 1645.

Pierrete Proby, fille, fut marraine d'un enfant en 1650.

Gervaise Provoisot étoit femme de Denis Brulé, batelier, en l'année 1649.

Nicolas Puzin étoit marié à Oudete Esniot en 1620, et à Simone Gruote en 1634.

Sr Antoine Puzin, marchand, mari de Claudine Bauffey en 1624, fut parrain d'un enfant et étoit chevalier du Jeu de l'arc en 1639. Il parut aux assemblées génerralles de l'Hôtel de ville avant le siège et non aprez.

Claudine Puzin, femme de Jean Pouvot en 1624, vivoit en l'année 1636.

Françoise Puzin, femme de Denis Rousselot, pescheur, en 1641, étoit veuve en 1657.

Q

D^{lle} Nicole Quarré, veuve du Sr Jean Patrouillet, maître chirurgien, étoit associée à la confrairie de St Jean Baptiste en l'année 1641.

Anne Quarré, veuve de X... et belle-mère d'Etienne

Mathe, hôte de la Fleur de Lys, étoit associée à la confrairie du St Sacrement en l'année 1649.

Guillaume Quenot vivoit en 1630.

Philippe Quenot étoit marié à Anne Petit en 1636.

Marie Quenot fut marraine d'un enfant en 1630.

Jean Quily, maître tixier de toile, étoit marié à Pierrete Bredillot en 1650.

Pierrete Quinard fut marraine en 1634, étoit femme d'Alexandre Chapuis, soldat de la compagnie de Mr de St Point, en 1646.

Claudine Quoliby étoit femme de Pierre Petit, soldat de la compagnie de Mr de St Point, en 1647.

R

Nicolas Ragonet vivoit en 1667. Il parut aux assemblées génairalles de l'Hôtel de ville aprez le siège.

Anne Raillard étoit femme de Toussaint Munier, maître charron, en 1660.

Jeanne Ralte étoit femme de Jean Gauthier en 1638.

Sr Jean Ramaille, marchand, étoit marié à Dlle Claudine Mutin en 1649, fut bâtonnier de St Jean en 1672.

Sr Benigne Ramaille père, marchand drapier, étoit marié à Dlle Juliene Borthon en 1632, et à Dlle Philiberte Flutelot en 1638, fut bâtonnier de la confrairie de St Jean Baptiste en 1645, et parut aux assemblées générales de l'Hôtel de ville avant et aprez le siège.

Sr Jean Ramaille fils, né le 9 janvier 1635, fut parrain d'un enfant en 1640. Il étoit chevalier du Jeu de l'arc en 1656, fut roi de l'oiseau en 1668, nommé lieutenant de la compagnie du Jeu en 1669, et fut encore roi de l'oiseau en 1673.

Gaspard Ramaillot, marchand chapelier, étoit marié à Benigne Larmelin en 1653. Il parut aux assemblées généralles de l'Hôtel de ville aprez le siège.

Jeanne Rambert, fille, fut marraine d'un enfant en 1642.

Barbe Rameau étoit femme de Claude Bougaut en 1636.

Pierre Ramonet vivoit en 1657. Il parut aux assemblées généralles de l'Hôtel de ville aprez le siège.

Jean Ranzy vivoit en 1635. Il parut aux assemblées généralles de l'Hôtel de ville avant le siège et non aprez.

Simon Ratier, tourneur en bois, étoit marié à Sebastiene Baumont en 1659.

Jean Rémond, marchand cerclier, étoit marié à Marthe Bertrand en 1646.

Baltazard Rémond vivoit en 1639. Il parut aux assemblées généralles de l'Hôtel de ville avant et aprez le siège.

D^{lle} Claudine Rémond, femme du Sr Jacques Leroux, marchand, en 1632, vivoit en 1643.

Antoinete Rémond étoit femme de Jean Gavinet, batelier, en l'année 1660.

Claudine Rémond étoit femme de Jean Soulier en 1632.

Marguerite Rémond, femme de Jacques Leroux, marchand, en 1633, de Jean Boutier, marchand, en 1654, et de Claude Minot, manouvrier, en 1660.

Susanne Rémond étoit femme de Claude Guillard, maître charpentier, en 1659.

Laurence Rémondet, femme de Philibert Maldan, marchand boucher, en 1628, vivoit en 1642.

Jeanne Rémondet, fille, fut marraine d'un enfant en 1650.

Gaspard Renard, maître bourrelier, étoit marié à Claudine Minot en 1641. Il parut aux assemblées de ville aprez le siège.

François Renard, sergent de la compagnie de Mr d'Ampilly, étoit marié à Claudine Granvaut en 1643.

Dlle Catherine Renard fut marraine d'un enfant en 1646, étoit femme du Sr Remy Petitjean, bourgeois, en 1643.

Pierre Renaud, soldat de la compagnie de Mr Mouchet, étoit marié à Denise Loindrot en 1642.

Renaude Renaud étoit femme de Gilles Hutin en 1630.

Jacques Renevey vivoit en 1639. Il parut aux assemblées génerralles de l'Hôtel de ville aprez le siège.

Jean Renevey père, marchand cordonnier, mari d'Antoinete Desgranges en 1620, vivoit en 1636, mort en 1638. Il parut aux assemblées de ville avant le siège et non aprez.

Guillaume Renevey étoit associé à la confrairie du St Sacrement en 1649.

Claude Renevey fils, né le 17 décembre 1626, fut parrain d'un enfant en 1649.

Antoine Renevey, marchand cordonnier, étoit marié à Pierrete Germain en 1650, et à Dlle Claudine Morel en 1658. Il étoit chevalier du Jeu de l'arc en 1650 et parut aux assemblées génerralles de l'Hôtel de ville aprez le siège.

Alexis Renevey, marchand, étoit associé à la confrairie du St Sacrement en 1649.

Françoise Renevey, née le 16 septembre 1632, fut marraine d'un enfant en 1638.

Barbe Renevey étoit femme de Jean Fleutot, cordier, en 1641.

Louise Renevey étoit femme de Pierre Labasse, soldat de la compagnie de Mr de St Point, en 1650.

Denise Renichon, fille, fut marraine d'un enfant en 1638.

Simone Renichon étoit femme de François Bouvot, maître tixier de toile, en 1639.

Jean Renuchot, marchand, fut parrain d'un enfant en 1649.

Michel Renuyer étoit marié à Anne Moutenot en 1644.

Huguete Rhée, femme de Claude Maldan en 1632, fut marraine d'un enfant en 1641.

Claude Richard étoit marié à Denise Charniot en 1633.

Jean Richard fut parrain d'un enfant en 1636.

Anne Richard, veuve de Jean Cachot en 1633, étoit femme d'Etienne Vernier, batelier, en 1640.

Jeanne Richard fut marraine d'un enfant en 1631, étoit femme de Pierre Gabot en 1635.

Denise Richard, née le 7 février 1633, étoit femme de Baltazard Aubriot, manouvrier, en 1655.

Marguerite Richard, fille, étoit associée à la confrairie du St Sacrement en 1649.

Claude Richard étoit marié à Baltazarde Devers en l'année 1631.

Hector Richier père, marchand cloutier, mari d'Edme Margeot en 1622, et d'Anatoile Piot en 1643, vivoit en 1650. Il parut aux assemblées de ville avant et aprez le siège.

Jean Richier étoit associé à la confrairie du St Sacrement en 1649.

Pierre Richier fils, né le 19 novembre 1623, étoit marchand et marié à Nicole Cortot en 1645. Il parut aux assemblées géneralles de l'Hôtel de ville aprez le siège, étoit chevalier du Jeu de l'arc en 1649, et fut bâtonnier de la confrairie de St Jean Baptiste en 1665.

Denise Richier, née le 16 octobre 1622, fut marraine d'un enfant en 1650.

Sebastiene Rigolier fut marraine d'un enfant en 1636.

Laurens Rimier, maître tixier de toile, étoit marié à Oudete Michel en 1660.

Claudine Robardet étoit femme d'Antoine Morron, marchand mercier, en 1649.

Louis Robelot, manouvrier, étoit marié à Philippe Gimelet, en 1660.

Claudine Robelot, fille, fut marraine d'un enfant en 1650.

Claudine Robergot étoit femme d'Antoine Morron, maître boulanger, en 1646.

Mathieu Robert, maitre menuisier, fut parrain d'un enfant en 1622, étoit mari de Marie Garnier en 1638, chevalier du Jeu de l'arc en 1638, et parut aux assemblées générales de l'Hôtel de ville aprez le siège.

Etienne Robert étoit marié à Anne Charles en 1635.

D^{lle} Claudine Robert fut marraine d'un enfant en 1633, étoit veuve d'Etienne Godard, marchand, en 1637, et femme du Sr Claude Joliclerc, marchand, en 1648.

Pierre Robin, manouvrier, fut parrain d'un enfant en 1643, étoit marié à Anne Morron en 1646.

Sr Etienne Robin, bourgeois, étoit du conseil de la ville en 1636, mort en 1640. Il étoit chevalier du Jeu de l'arc en 1638, fut élu enseigne de la compagnie du même Jeu en 1639, et parut aux assemblées de ville avant et aprez le siège.

Sr Nicolas Robin, marchand, mari de D^{lle} Benigne Guisain, étoit échevin en 1633, mort en 1636, avant le siège. Il parut aux assemblées de ville avant le siège seulement.

D^{lle} Jeanne Robin, veuve du Sr Christophle Pierre, greffier de la châtellenie royale de Brazey, fut marraine en 1633 et en 1637.

D^{lle} Jeanne Robin, femme du Sr Claude Martene l'ancien, marchand, en 1620, étoit veuve en 1636.

Marie Robin, fille du Sr Nicolas Robin, née le 18 février 1630, fut marraine d'un enfant en 1637.

Blaise Robin étoit femme de Mathieu Goudeau, caporal de la compagnie de Mr Mouchet, en 1640.

Claude Roch, maître cordonnier, fut parrain d'un enfant en 1650, étoit marié à Claudine Begin en 1654. Il parut aux assemblées génerailes de l'Hôtel de ville aprez le siège.

Jacques Roch, manouvrier, étoit marié à Claudine Petitjean en 1660.

Etienette Roch étoit femme de Philibert Degoa en 1635.

Claudine Roch, fille, fut marraine d'un enfant en 1644.

Hugues Roger père fut parrain d'un enfant en 1628, vivoit en 1630. Il parut aux assemblées génerailes de l'Hôtel de ville avant le siège et non aprez.

Sr Jean Roger fils, né le 20 mars 1633, étoit huissier et marié à Charlote Leclerc en 1660. Il étoit chevalier du Jeu de l'arc en 1657, et parut aux assemblées génerailes de l'Hôtel de ville aprez le siège.

Etienne Roger vivoit en 1631. Il parut aux assemblées génerailes de l'Hôtel de ville avant le siège et non aprez.

Pierre Roger, fermier du four bannal, étoit marié à Jeanne Gatel en 1630, et étoit chevalier du Jeu de l'arc en 1650.

Marguerite Roger, fille, fut marraine d'un enfant en 1631.

Claudine Roi étoit femme de Michel Laurens en 1634, vivoit en 1636.

Philippe Roi (*alias* Roy) étoit femme de Claude Bernier, maître charpentier, en 1660.

Jeanne Roi étoit femme de Jean Munier, maître charpentier, en 1660.

Claude Rolland fut parrain d'un enfant en 1646. Il parut aux assemblées génerailes de l'Hôtel de ville aprez le siège.

Claudine Rollet fut marraine d'un enfant en 1642.

Bernard Rosée, maître tailleur d'habits, mari de Catherine Morin en 1628, vivoit en 1636. Il parut aux assemblées générailes de l'Hôtel de ville avant le siège et non aprez.

Françoise Rosée vivoit en 1636. Il parut aux assemblées générailes de l'Hôtel de ville avant le siège et non aprez.

Marie Rosée fut marraine d'un enfant en 1650.

Pierre Rosne, soldat de la compagnie de M^r d'Ampilly, étoit marié à Claudine Vater en 1649.

Jean Rossignol étoit marié à Guillemete Thomazot en 1638.

Etienne Rothier, soldat de la compagnie de M^r de St Point, fut parrain en 1636, étoit marié à Pierrete Belon en l'année 1643.

Michel Rougeot, manouvrier, étoit marié à Guillemete Dupatz en 1650.

Vincent Rougey étoit associé à la confrairie du St Sacrement en 1649.

Jacques Rouillard, maître boulanger, étoit marié à Simone Bernard en 1657. Il parut aux assemblées de ville aprez le siège.

François Rouillot, huissier, étoit marié à Anne Louhet en 1658. Il parut aux assemblées générailes de l'Hôtel de ville aprez le siège.

Michel Rousseau vivoit en 1660. Il parut aux assemblées générailes de l'Hôtel de ville aprez le siège.

Pierre Rousseau, manouvrier, étoit marié à Antoinete Setpalien en 1660. Il parut aux assemblées de ville aprez le siège.

Claude Rousselot, pescheur, étoit marié à Susanne Taney en 1634, fut parrain en 1638. Il parut aux assemblées générailes de l'Hôtel de ville aprez le siège.

Denis Rousselot, pescheur, fut parrain d'un enfant en 1640, étoit marié à Françoise Puzin en 1641, mort en 1657. Il parut aux assemblées généralles de l'Hôtel de ville aprez le siège.

Robert Rousselot, pescheur, fut parrain d'un enfant en 1646.

Marie Rousselot étoit femme de Claude Petitjean, marchand boucher, en 1660.

Barbe Rousselot fut marraine d'un enfant en 1635, étoit femme du Sr Robert Bricois, marchand, en 1637.

Anne Rousselot, fille de Claude Rousselot, pescheur, fut marraine d'un enfant en 1643.

Jacques Roux, né le 11 juin 1624, étoit marchand, et fut parrain d'un enfant en 1655.

Guillaume Roy vivoit en 1656. Il parut aux assemblées généralles de l'Hôtel de ville aprez le siège.

François Royer fut parrain d'un enfant en 1622, étoit marié à Jeanne Boiteux en 1636.

Pierre Royer, manouvrier, fut parrain d'un enfant en 1628, étoit marié à Claudine Taner en 1650.

Bernard Royer, mari de Catherine Morisot en 1622, vivoit en 1631. Il parut aux assemblées de ville avant le siège et non aprez.

Jeanne Reine Royer étoit femme de Pierre Simon, huissier, en 1643.

Jacques Rupy étoit associé à la confrairie du St Sacrement en 1649.

Anatoile Rupy fut marraine d'un enfant en 1652.

Jean Ruynet étoit marié à Jeanne Turel en 1626, vivoit en 1630. Il parut aux assemblées de ville avant le siège et non aprez.

Etienne Ruynet étoit marié à Simone Dupatz en 1623,

vivoit en 1631. Il parut aux assemblées de ville avant le siège et non aprez.

S⁻ Jacques Ruynet l'ancien, marchand tanneur, fut bâtonnier de la confrairie de S⁻ Jean Baptiste (1) en 1628, étoit mari de Jeanne Desgranges en 1620, et de D^lle Anne Larnaut en 1639. Il parut aux assemblées de ville avant et aprez le siège.

S⁻ Jacques Ruynet le jeune, marchand tanneur, fut parrain d'un enfant en 1622, étoit marié à D^lle Anne Larmelin en 1640, chevalier du Jeu de l'arc en 1638, et parut aux assemblées génerralles de l'Hôtel de ville avant et aprez le siège.

Anne Ruynet étoit marié à Jeanne Bernard en 1625, vivoit en 1639. Il parut aux assemblées de ville aprez le siège.

S⁻ François Ruynet, procureur, fut parrain d'un enfant en 1659, étoit marié à D^lle Jeanne Brenot et fut bâtonnier de la confrairie de St Jean Baptiste en 1679.

Antoine Ruynet étoit associé à la confrairie du St Sacrement en 1649.

S

S⁻ Jean Sarazin étoit marchand en 1657, fut bâtonnier de la confrairie de St Jean Baptiste en 1668. Il parut aux assemblées génerralles de l'Hôtel de ville aprez le siège.

Henry Sarazin étoit marié à Magdelaine Fichot en 1636, vivoit en 1637.

Claude Sarconet étoit marié à Elizabeth Millot en 1636.

Thomas Sarron, maître armurier, fut parrain d'un enfant en 1641.

---

(1) Ms. de M. en 1608, date qui paraît fautive.

Etienette Sarron étoit femme d'Etienne Prenelet en 1624, vivoit en 1634.

Claudine Sarron étoit femme de Louis Carlot, maître tixier de toile et soldat de la compagnie de M* Mouchet, en 1646.

Philiberte Sarron, femme de Pierre Gribon, maître tixier de toile, en 1626, fut marraine en 1638.

Louis Saucier, manouvrier, étoit marié à Didiere Thomas en l'année 1646.

Guillemete Saucin, fille, fut marraine d'un enfant en 1632.

Adam Saucy, manouvrier, fut parrain d'un enfant en 1650.

Sr François Savole, marchand et organiste, étoit marié à D^{lle} Jeanne Garandet en 1660, et à D^{lle} Huguette Maigret en 1674, fut bâtonnier de la confrairie de St Jean Baptiste en 1695, étoit chevalier du Jeu de l'arc en 1660, et fut roi de l'oiseau en 1672, 1676, 1678, 1685, 1686, et empereur en 1687.

Pierre Sauterot, munier sur Saône, mari de Philiberte Charniot en 1633, et de Marie Clerc en 1638.

Etienne Sauterot fut parrain d'un enfant en 1640.

Jean Sauterot, munier sur Saône, mari de Jeanne Petit en 1621, vivoit en 1630. Il parut aux assemblées génerralles de l'Hôtel de ville avant le siège et non aprez.

Claudine Sauterot, femme de Claude Daguin en 1621, étoit veuve et fut marraine d'un enfant en 1643.

Jeanne Sauterot, femme d'Oudot Girod, maître charpentier, en 1625, fut marraine d'un enfant en 1640.

Françoise Sauterot, fille de Pierre Sauterot, née le 28 septembre 1634, fut marraine d'un enfant en 1653.

Jérome Sauvin, soldat de la compagnie de M^r de St Point, étoit marié à Jeanne Compte en 1648.

Denis Sauvin, manouvrier, étoit marié à Barbe Fichefeu en l'année 1650.

Marguerite Sauvin, fille, fut marraine d'un enfant en 1650.

Toussaint Segaut, maitre cordonnier, étoit marié à Jeanne Maillot en 1640. Il parut aux assemblées de ville aprez le siège.

Jacques Seguin, batelier, étoit marié à Antoinete Lallemand en l'année 1640. Il parut aux assemblées de ville aprez le siège.

Jean Seguin, batelier, étoit marié à Etienete Marguery en 1640. Il parut aux assemblées de ville aprez le siège.

Claudine Seguin étoit femme de Claude Dubreuil en 1634.

Etienette Seguin étoit femme de George Bluchot en 1629.

Marcienne Seguin étoit femme de Michel Manseau, maître cordonnier, en 1658.

Claudine Setpalien étoit femme de Denis Henriot, batelier, en 1652.

Antoinete Setpalien étoit femme de Pierre Rousseau, manouvrier, en 1660.

Jacques Simon fut parrain d'un enfant en 1626, et d'un autre en 1639. Il étoit chevalier du Jeu de l'arc en 1650.

Guillaume Simon, marchand, fut parrain en 1637, étoit marié à Antoinette Bassene en 1638. Il parut aux assemblées générales de l'Hôtel de ville aprez le siège.

Antoine Simon étoit marié à Pierrete Floriot en 1638. Il parut aux assemblées générales de l'Hôtel de ville aprez le siège.

Pierre Simon, huissier, étoit marié à Claudine Vaudrey en 1621, et à Jeanne Reine Royer en 1643. Il parut aux assemblées généralles de l'Hôtel de ville avant et aprez le siège.

Baltazard Simon, maître cordonnier, étoit marié à Denise Pecot en 1637. Il parut aux assemblées de ville aprez le siège.

Claude Simon, batelier, fut parrain d'un enfant en 1636, étoit marié à Claire Converset en 1639. Il parut aux assemblées généralles de l'Hôtel de ville aprez le siège.

Abraham Simon fut parrain d'un enfant en 1630.

D[lle] Elisabeth Simon étoit femme du Sr Jean Pierre, notaire et procureur, en 1636.

Adriene Simon étoit femme de Nicolas Garlois, manouvrier, en l'année 1657.

Anne Simon étoit femme de François Margue en 1635, elle fut marraine d'un enfant en 1641.

Marguerite Simon fut marraine en 1636 et en 1658, étoit femme de Jacques Garlois, manouvrier, en 1660.

Claudine Simon étoit femme de Fiacre Lebrun, soldat de la compagnie de M[r] d'Ampilly, en 1647.

Denise Simon étoit femme de Claude Bruillot, manouvrier, en l'année 1650.

Denis Simonot étoit marié à Anne Rupy en 1621, vivoit en 1634. Il parut aux assemblées de ville avant le siège et non après.

Jacques Simonot, marchand, mari de Benigne Bauffey en 1621, vivoit en 1630. Il parut aux assemblées généralles de l'Hôtel de ville avant le siège et non aprez.

Pierre Simonot vivoit en 1631. Il parut aux assemblées généralles de l'Hôtel de ville avant le siège et non aprez.

Claude Simonot fut parrain d'un enfant en 1624, vivoit en 1635. Il parut aux assemblées de ville avant le siège et non aprez.

Antoine Simonot fut parrain d'un enfant en 1635.

Philibert Simonot, maître boulanger, mari de Marguerite Bassot en 1631, vivoit en 1640. Il parut aux assemblées génerallés de l'Hôtel de ville avant le siège et non aprez.

Sr Philippe Simonot, marchand, étoit marié à D^{lle} Marguerite Boisot en 1647. Il parut aux assemblées générallés de l'Hôtel de ville aprez le siège.

D^{lle} Jeanne Simonot fut marraine d'un enfant en 1621, étoit veuve du Sr Pierre Grangier en 1655.

D^{lle} Marguerite Simonot, femme du Sr Jean Devillebichot, marchand apoticaire, en 1636, fut marraine d'un enfant en 1645.

Pierrete Simonot, femme de Jean Gimelet, manouvrier, en 1638, fut marraine d'un enfant en 1652.

Légère Simonot étoit femme de Sebastien Cavayer, maître boulanger, en 1642.

Jean Sire, batelier, étoit marié à Marguerite Dubirot en 1649. Il parut aux assemblées de ville aprez le siège.

Guyette Soltene étoit femme de Jacques Masse, garde de sel, en l'année 1649.

Guillaume Sordeau, soldat de la compagnie de M^r de St Point, étoit marié à Marguerite Maldan en 1639.

Marguerite Sordoillet étoit femme de François Fomnez, maître serrurier, en 1649.

Jean Soulier étoit marié à Claudine Rémond en 1632.

Guillaume Sousselier fut parrain d'un enfant en 1626, vivoit en 1646. Il parut aux assemblées de ville aprez le siège.

D^{lle} Françoise Sousselier étoit femme du Sr Claude Martene puîné, bourgeois, en 1648.

Jean Edme Souvert vivoit en 1650. Il parut aux assemblées générales de l'Hôtel de ville aprez le siège.

Claudine Souvert, femme de Jean Marlien, maître tixier de toile, fut marraine d'un enfant en 1625, vivoit en 1633.

Jeanne Surret, femme de Louis Mortuet en 1636, vivoit en l'année 1637.

T

Françoise Talouze étoit femme de Claude Mion, maître maréchal ferrant, en 1643.

Michel Taner vivoit en 1635. Il parut aux assemblées génerallles de l'Hôtel de ville avant le siège et non aprez.

Claudine Taner, fille en 1647, étoit femme de Pierre Royer, manouvrier, en 1650.

Barbe Taner étoit femme de Jacques Cortot, marchand de bois, en l'année 1648.

Pierrete Taney étoit femme de Jean Guibourg, marchand cerclier, en 1631, et de Jean Leroi, batelier, en 1638.

Susanne Taney étoit femme de Claude Rousselot, pescheur, en 1634, fut marraine d'un enfant en 1637.

Etienne Tardy, mari de Michele Gruisot en 1633, vivoit en 1637.

D[lle] Michele Tardy étoit femme du Sr Etienne Garnier, marchand apoticaire, en 1638.

Sr Claude Tassinot père, maître chirurgien, étoit marié à D[lle] Huguete Cassote en 1621, vivoit en 1630. Il parut aux assemblées générallles de l'Hôtel de ville avant le siège et non aprez.

Sr Claude Tassinot fils, né le 8 juillet 1622, fut parrain d'un enfant en 1636, et d'un autre en 1642.

Anne Tassinot, née le 3 may 1629, fut marraine d'un enfant en 1646.

Louise Tassinot, fille, fut marraine d'un enfant en 1630.

Antoine Taverne fut parrain d'un enfant en 1637. Il parut aux assemblées généralles de l'Hôtel de ville aprez le siège.

Michel Taury vivoit en 1635. Il parut aux assemblées généralles de l'Hôtel de ville avant le siège et non aprez.

Denise Telerot étoit femme de Robert Biarnet en 1622, vivoit en 1632.

Françoise Telman étoit femme de Nicolas Thinet, manouvrier, en 1650.

Noble Jacques Terrion, avocat et secrétaire du Roi, étoit marié à dame Anne Delettre en 1650, fut bâtonnier de la confrairie de St Jean Baptiste en 1671, et parut aux assemblées généralles de l'Hôtel de ville aprez le siège.

D^{lle} Anne Terrion, fille du Sr Jacques Terrion, avocat, fut marraine d'un enfant en 1654.

D^{lle} Catherine Terrion, fille du Sr Jacques Terrion, avocat, fut marraine d'un enfant en 1654.

D^{lle} Vivande Teurel, femme du Sr Pierre Bernier, procureur, en 1629, vivoit en 1635.

Marcienne Teurel étoit femme de Nicolas Petitjean en 1636.

Etienne Thibaut vivoit en 1649. Il parut aux assemblées généralles de l'Hôtel de ville aprez le siège.

Louise Thibaut, fille, étoit associée à la confrairie du St Sacrement en l'année 1649.

D^{lle} Anne Thibaut étoit femme du Sr Antoine Moniot, principal du collège, en 1649.

D^{lle} Marie Thiédor, fille en 1649, étoit femme du Sr Jean Morel, procureur, en 1680.

Nicolas Thinet, manouvrier, étoit marié à Françoise Telman en 1650.

Sr Claude Thomas père, greffier de la prévôté royale,

étoit marié à D^lle Claudine Legendre en 1620, et à D^lle Huguete Cassote en 1637.

Sr Jean Thomas fils fut parrain d'un enfant en 1638.

Jean Thomas, maître cordonnier, étoit marié à Jeanne Fremiot en 1638. Il parut aux assemblées générales de l'Hôtel de ville aprez le siège.

Sr Jean Thomas, maître chirurgien, étoit marié à D^lle Marguerite Fenard en 1660.

Didiere Thomas étoit femme de Louis Saucier, manouvrier, en l'année 1646.

Simon Thomassin, maître serrurier, mari de Marie Juillet en 1622, et de Marie Chardon en 1625, vivoit en 1631. Il parut aux assemblées générales de l'Hôtel de ville avant le siège et aprez.

Marie Thomassin, née le 3 may 1625, étoit femme de Thomas Charon, maître armurier, en 1642.

D^lle Antoinette Thomassot, femme du Sr Claude Paha, marchand, en 1631, vivoit en 1636.

Andre Thomazot, maître cordonnier, mari d'Emillande Juan en 1633, de Pierrete Villeret en 1638, et de Magdelaine Cadieu en 1649. Il parut aux assemblées de ville avant et aprez le siège.

Claude Thomazot fut parrain d'un enfant en 1642.

Guillemette Thomazot étoit femme de Jean Rossignol en 1638.

Denise Thomazot étoit femme de Jean Poulain, batelier, en l'année 1640.

Jeanne Thomazot fut marraine d'un enfant en 1653.

Nicole Tisserand, femme d'Adam Gros, garde de sel, fut marraine d'un enfant en 1650.

Thomasse Tombelin étoit femme de Nicolas Gevrey, maître cordonnier, en 1646.

Anne Tombereau étoit femme de Léonard Delavaut, maître maçon, en 1660.

Denis Tonnelier, manouvrier, étoit marié à Claudine Fuliot en 1638. Il parut aux assemblées de ville aprez le siège.

Susanne Tranchan, fille, fut marraine d'un enfant en 1645.

Jeanne Trard étoit femme de François Fouquier, maître tailleur d'habits, en 1643.

Pierre Trée, maître tixier de toile, étoit marié à Jeanne Pauthier en 1638. Il parut aux assemblées généralles de l'Hôtel de ville avant le siège et non aprez.

Sr Jean Baptiste Trebillon, commis greffier au baillage, mari de Dlle Antoinete Devaux en 1631, fut parrain d'un enfant en 1636. Il parut aux assemblées de ville avant le siège et non aprez.

Dlle Anne Trebillon, née le 1er mai 1631, étoit femme du Sr Jacob Morel, procureur du Roi en la châtellenie de Brazey en 1658.

Susanne Treuchot étoit femme d'Antoine Moniot, recteur du collège, en 1647.

Didier Tripier, mari de Girarde Lucot en 1624, vivoit en 1631. Il parut aux assemblées de ville avant le siège et non aprez.

Anne Trocherot fut marraine d'un enfant en 1648, étoit femme de Claude Minard en 1651.

Guillaume Trouiller étoit associé à la confrairie du St Sacrement en 1649. Il parut aux assemblées générales de l'Hôtel de ville avant le siège et non aprez.

Nicolas Tubeuf, charron, étoit marié à Anne Connevaux en 1660.

Philippe Turreau, soldat de la compagnie de Mr de St Point, étoit marié à Anne Dannaux en 1643.

Nicolas Turrel, né le 15 septembre 1622, étoit maître cordonnier et marié à Louise Vautereau en 1643.

Pierre Turrel fut parrain d'un enfant en 1650.

Philibert Turrel étoit associé à la confrairie du St Sacrement en 1649.

Jeanne Turrel étoit femme de Jean Ruynet en 1626, de François Clegy en 1633, et de Jean Parre, maître cordonnier, en 1638.

V

Vivande Vadan étoit femme de Jean Vermaux, maître charpentier, en 1638.

Claudine Vadot étoit femme de François Bornet en 1636.

Jean Vaillomet, maître cordonnier, étoit marié à Jacquete Chenolon en 1644.

Toussaint Vallere, soldat de la garnison, étoit marié à Oudete Morisot en 1633.

Philiberte Vallière, femme de Philibert Michel, sergent de l'échevinage, en 1627, fut marraine d'un enfant en 1636.

Catherine Valliere, veuve de X..., étoit associée à la confrairie du St Sacrement en 1649.

D^{lle} Denise Valliere, veuve du Sr Claude Margeot, marchand, fut marraine d'un enfant en 1635, vivoit en 1636.

Jean Valot fut parrain d'un enfant en 1634.

Pierrete Valot fut marraine d'un enfant en 1636, étoit femme de Jean Dubois, maître serrurier, en 1638.

Claudine Valot, fille, fut marraine d'un enfant en 1647.

Claudine Vatenard fut marraine en 1648.

Nicolas Vater, manouvrier, étoit marié à Jeanne Gueureux en 1650.

Claudine Vater étoit femme de Pierre Rosne, soldat de la compagnie de Mr d'Ampilly, en 1649.

Pierrete Vater, fille, fut marraine d'un enfant en 1649.

Sr Nicolas Vaudrey l'ancien, père, marchand, mari de Dlle Eléonore Julien en 1620, fut parrain d'un enfant en 1633, vivoit en 1638. Il parut aux assemblées généralles de l'Hôtel de ville avant et aprez le siège.

Sr Lazare Vaudrey fils, né avant l'année 1620, fut parrain d'un enfant en 1641, étoit procureur du Roi au baillage en 1659, et fut bâtonnier de la confrairie de St Jean Baptiste en 1673.

Sr Nicolas Vaudrey le jeune, fils, marchand, étoit marié à Dlle Marie Millot en 1640, et à Dlle Benigne Jodrillet en 1649; étoit chevalier du Jeu de l'arc en 1638, et fut roi de l'oiseau en 1644. Il fut aussi bâtonnier de la confrairie de St Jean Baptiste en 1649, et parut aux assemblées de ville avant et aprez le siège.

Edme Vaudrey, manouvrier, étoit marié à Françoise Guenon en 1638, et à Thibaude Mignot en 1646.

Dame Anne Vaudrey, fille en 1650, étoit femme du Sr Claude Conte, avocat, en 1680.

Dlle Marie Vaudrey fut marraine d'un enfant en 1646, étoit femme du Sr Claude Poussis, procureur, en 1680.

Marthe Vaudrey fut marraine d'un enfant en 1620, étoit femme d'Etienne Gevrey en 1626 et de Jacques Bernier, maître cordonnier, en 1637.

Susanne Vaudrey étoit femme de Claude Desgranges, marchand cordonnier, en 1625, vivoit en 1638.

Anne Vaudrey étoit femme de Pierre Goillot en 1630; elle vivoit en 1634.

Dlle Jeanne Vautereau, femme du Sr Nicolas Philippe, marchand apoticaire, en 1621, veuve en 1640.

Louise Vautereau étoit femme de Nicolas Turel, maître cordonnier, en 1643, et de Jean Girod, maître serrurier, en 1648.

Antoinette Vautereau (*alias* Vauterau) étoit femme de Denis Dufer en 1645.

Michel Vauthey, marchand boucher, mari de Philiberte Mignot en 1621, vivoit en 1636, mort en 1638.

Jean Vauthey, sergent en la compagnie de M^r de St Point, fut parrain d'un enfant en 1636, étoit marié à Claudine Cariot en 1640.

Catherine Vauthey, née le 28 juillet 1622, étoit femme d'Etienne Connevaux, marchand boucher, en 1640.

Anne Vauthey étoit femme de Pierre Boillot en 1635, vivoit en 1646.

Pierrete Verdelet étoit femme de Jean Gatel en 1631.

Marguerite Verdelet fut marraine en 1642, étoit femme de François Fomnez, maître serrurier, en 1653.

Sr François Verderet père, marchand et contrôleur des traites, mari de D^{lle} Susanne Brusson en 1625 et de D^{lle} Marie Devillebichot en 1631, vivoit en 1638, étoit chevalier du Jeu de l'arc en 1638, et fut élu lieutenant de la compagnie du même Jeu en 1639. Il parut aux assemblées de ville avant et aprez le siège.

Sr Didier Verderet fils, né avant l'année 1620, étoit receveur au grenier à sel, et fut parrain d'un enfant en 1642.

D^{lle} Philiberte Verderet fut marraine d'un enfant en 1621, étoit veuve du Sr Jacques Coustaut, receveur au grenier à sel, en 1637.

D^{lle} Vivande Verderet, femme du Sr Christophle Pierre, marchand, en 1630, fut marraine d'un enfant en 1650.

D^{lle} Benigne Verderet étoit femme du Sr Jean Picardot, maître chirurgien, en 1659.

Jean Vermaux, maître charpentier, étoit marié à Vivande Vadan en 1640. Il parut aux assemblées généralles de l'Hôtel de ville avant le siège et non aprez.

Etienne Vernier, batelier, étoit marié à Anne Duprey en 1638, et à Anne Richard, en 1640. Il parut aux assemblées généralles de l'Hôtel de ville aprez le siège.

Barbe Verrey, femme de Jean Louhet l'ancien en 1624, fut marraine d'un enfant en 1636.

Guillaume Veuillien, maître maçon, vivoit en 1635. Il parut aux assemblées généralles de l'Hôtel de ville avant le siège et non aprez.

Nicole Viégo, femme de Gervais Poulet, pâtissier, en 1636, vivoit en 1649.

Vivande Viégo étoit femme de François Paton, maître maçon, en 1645.

Françoise Viégo, fille, fut marraine d'un enfant en 1645.

Claude Viénet, maître taquier, étoit marié à Jeanne Dumont en 1660.

François Viénot, maître boulanger, étoit marié à Jeanne Lécorcenet en 1641. Il parut aux assemblées de ville aprez le siège.

Pierre Vigneret étoit marié à Françoise Milleret en l'année 1634.

Etienne Villars vivoit en 1639. Il parut aux assemblées généralles de l'Hôtel de ville aprez le siège.

Gabriel Villars vivoit en 1657. Il parut aux assemblées généralles de l'Hôtel de ville aprez le siège.

D^{lle} Anne Villemain, femme du Sr Jacques Brunot, hôte du logis du Paon, en 1633, vivoit en 1640.

Jeanne Villenote, fille, fut marraine d'un enfant en 1642.

Etienne Villeret, maître en fait d'armes, étoit marié à **Marguerite Mathey** en 1622, fut parrain d'un enfant en

1636, et parut aux assemblées génerailes de l'Hôtel de ville aprez le siège.

Etienne Villeret, soldat de la compagnie de M. de St Point, étoit marié à Jeanne Delettre, en 1640.

Philiberte Villeret, née le 12 septembre 1631, femme de Claude Gavinet, pescheur, en 1651, et de François Clairau, maître charpentier, en 1659.

Claudine Villeret étoit femme de Jacques Bourgoin en l'année 1638.

Pierrete Villeret étoit femme d'André Thomazot, maître cordonnier, en 1638.

Emilland Villermot étoit marié à Jeanne Menageot en 1636.

Louis Villerois, marchand, vivoit en 1634. Il parut aux assemblées de ville avant le siège et non aprez.

Etienne Villey, maître tixier de toile, mari de Marguerite Mathey en 1636, vivoit en 1638. Il parut aux assemblées génerailes de l'Hôtel de ville avant le siège et non aprez.

Philiberte Villey, fille d'Etienne Villey, maître tixier de toile, fut marraine d'un enfant en 1638.

Edme Villot, maître tixier de toile, fut parrain d'un enfant en 1640.

Jacques Villote étoit marié à Antoinete Chicaut en 1636.

Jean Virot, maître serrurier, étoit marié à Louise Bateot, en 1650.

Antoine Virot vivoit en 1646. Il parut aux assemblées génerailes de l'Hôtel de ville aprez le siège.

Baltazard Visene, marchand, mari de Jeanne Serain en 1629, de Jacquete Canelot en 1634, et d'Antoinete Oudier en 1636, parut aux assemblées génerailes de l'Hôtel de ville aprez le siège.

Henri Visene, marchand, étoit marié à Philiberte Fourrey en 1631. Il parut aux assemblées de ville avant le siège et non aprez.

Claude Visene fut parrain d'un enfant en 1646.

Gaspard Visene étoit marié à Marciene Poulain en 1650

Baltazard Visene, huilier, étoit marié à Jeanne Millot en 1657. Il parut aux assemblées de ville aprez le siège.

Philiberte Visene étoit femme de Claude Fremi en 1630, de Fleury Lhomme, cordier, en 1636; et de Claude Menetrier, marchand, en 1638.

Françoise Visene, femme de Christophle Delettre, maître cordonnier, en 1636, vivoit en 1640.

Claudine Visene, veuve de Claude Passard en 1640, étoit femme de François Cavayer, maître boulanger, en 1646.

Anne Visene, fille du Sr Baltazard Visene, marchand, née le 9 juillet 1634, fut marraine d'un enfant en 1637.

Claudine Visene, femme d'Etienne Boissenet père, en 1629, fut marraine d'un enfant en 1638.

Nicolas Voisin, maître tixier de toile, étoit marié à Jeanne Charon en 1649.

Jean Voisot vivoit en 1650. Il parut aux assemblées géneralles de l'Hôtel de ville aprez le siège.

Sr Nicolas Voittier, marchand, étoit marié à Dlle Marie Louhet en 1621, fut parrain en 1636, mort avant le siège. Il parut aux assemblées de ville avant le siège seulement.

Etienne Voittier vivoit en 1650. Il parut aux assemblées géneralles de l'Hôtel de ville aprez le siège.

Germain Voittier étoit associé à la confrairie du St Sacrement en 1649.

Dlle Antoinete Vougeot, femme de Claude Lescrivain, marchand, en 1624, étoit veuve en 1636, avant le siège.

APPENDICES

M. Fleury a fait suivre son *Catalogue* de plusieurs intéressants baptistaires. *La Belle Défense* en a déjà indiqué quelques-uns (1); nous en reproduirons ici la liste intégrale, afin de ne point altérer notre manuscrit. Nous y joindrons quelques détails également puisés dans les recueils de notre auteur sur les fêtes commémoratives du siège.

Elles n'ont point été célébrées, dans le principe, avec la mise en scène qu'elles ont revêtue plus tard. Elles furent d'abord plus fréquentes et plus simples. On les vit revenir chaque année, à date fixe, comme des *réjouissances* de famille, et c'est en effet le nom qu'on leur donne dans les délibérations. De loin en loin, les trentenaires, les cinquantenaires et les centenaires leur ont apporté une renommée plus éclatante et attiré un plus grand concours.

Nous dirons un mot de ces différentes fêtes, en les prenant dans leurs manifestations les plus éloignées pour les ramener à leur point de départ, afin d'en mieux saisir l'esprit. Si l'on veut en effet bien juger d'un tableau, il faut avant tout en chercher le vrai jour.

---

(1) P. 167.

PREMIER APPENDICE

Les Baptistaires.

Voici comment M. Fleury annonce les baptistaires qu'il a recueillis dans les registres de l'Eglise paroissiale :

Après l'événement de ce fameux siège, la réputation des habitans de St Jean de Lône fut portée à un tel point d'estime et d'élévation que les plus grands seigneurs et les dames de la plus haute distinction, loin de dédaigner, acceptoient au contraire avec plaisir d'être parrains et marraines des enfans nouvellement nés des bourgeois de ladite ville : ce qui se prouve aisément par la copie qui suit de quelques-uns des actes de baptêmes notables tirés du registre de l'église paroissialle de la même ville.

BAITISTAIRES NOTABLES TIRÉS DES REGISTRES DE L'ÉGLISE DE S^T JEAN DE LOSNE.

Claude (1), fils de noble Nicolas Mochet, enseigne de la compagnie du S^r de St Point, et de damoiselle Elizabeth Javouhey, ses père et mère, fut baptisé le 2 octobre 1638 ; parrain et marraine, noble Claude d'Aillys, S^r de St Point, capitaine au régiment de Mgr le prince de Conty, et gouverneur pour Sa Majesté de la ville de St Jean de Lône, et damoiselle Oudette Boillaud, femme de M. Pierre Jannel, écuyer et lieutenant civil de ladite ville. Signé au registre, d'Ally de St Point, Oudette Boillaud, et Louhet, prêtre.

Anne, fille de Jacques Dutholier, sergent dans la com-

---

(1) Cf. *La Belle Défense*, qui donne un texte plus fidèle pour la plupart de ces actes.

pagnie de Mr de Machaut, et de Claudine Dion, ses père et mère, fut baptisée le 8 janvier 1639 ; parrain et marraine, Jean-Baptiste Desrousseaux, lieutenant du Sr de Machaut, et dame Anne de Lucinge, femme de M^r de St Point, gouverneur de cette ville. Signé au registre, Desrousseaux, A. de Lucinge, M. Deladidurie, curé.

L'an 1639, le 10 avril, a été baptisé Henri Margeot, fils d'Alexandre Margeot et d'Anne Pecault, marchands en cette ville ; son parrain, Henry de Bourbon, premier prince du sang, et ce par les mains de Claude d'Ailly, seigneur de St Point, gouverneur pour le service du Roi en la ville de St Jean de Lône, et damoiselle Marguerite Martene, fille de Mr Claude Martene, bourgeois de ladite ville, sa marraine. Signé au registre, d'Ally de St Point, Marguerite Martene, et Darcier, curé.

Jean Baptiste de St Jean de Lône, fils de messire Claude de Rochefort d'Ally, baron de St Point et de Senevet, comte de Montferrant, premier capitaine au régiment de Mgr le prince de Conty et gouverneur de la ville de St Jean de Lône, et de dame, dame Anne de Lucinge madame sa femme, a été baptisé cejourd'hui 31 décembre 1642 ; ont été ses parrain et marraine ladite ville de St Jean de Lône aux personnes de maitres Claude Martene, Nicolas Vaudrey, Claude Joliclerc, Benigne Ramaille, échevins, et Pierre Patrouillet, syndic, et damoiselle Jeanne Guyet, veuve de Me Claude Boivaut, vivant grenetier au grenier à sel dudit St Jean de Lône. Signé au registre, Claude de Rochefort d'Ally de St Point, Martene, J. Guyet, C. Joliclerc, Ramaille, Patrouillet, Louhet, prêtre, de Balofert, Dumay, F. Morlot, Mortalot, prêtre, Margeot, Darcier, curé, Moisson, Claude Henri, Jacques Henry, Jean Moisson, Gervais Petit, Pierre **Henri**.

Claudine Marie, fille de M⁰ Jean Pierre, procureur au baillage de St Jean de Lône, et d'Antoinette Mol, sa femme, a été baptisée le 1ᵉʳ mars 1643 ; ont été ses parrain et marraine messire Claude de Rochefort d'Ailly, baron de St Point et de Senevet, comte de Montferrand, premier capitaine au régiment de Mgr le prince de Conty et gouverneur pour le Roi en ladite ville, et madame dame Marie de Saulx de Tavanes, femme de messire Louis de Gallois, comte de Mercy, baron d'Amiclant et Cyprez, et gentilhomme de Mgr le prince, capitaine de ses gardes, etc. Signé au registre, Marie de Saulx de Tavanes, et d'Ally de St Point.

Jeanne Marie, fille de Denis Royer, soldat en la compagnie de Mr d'Ampilly, et de Claudine Mongin, sa femme, a été baptisée le 1ᵉʳ juillet 1643 ; ont été ses parrain et marraine damoiselle Jeanne-Marie d'Ampilly, fille dudit Sr d'Ampilly, lieutenant au gouvernement de la ville de St Jean de Lône, et Jean Baptiste de St Point, fils du seigneur de St Point, gouverneur pour le Roi en ladite ville.

Catherine, fille d'Antoine Beaufort, marchand à St Jean de Lône, et de Marguerite Molême, sa femme, a été baptisée le 19 août 1643 ; ont été ses parrain et marraine Jean Baptiste de St Jean de Lône, fils de Mr de St Point, gouverneur pour le Roi audit lieu, et Catherine Jannel, fille de Mr Pierre Jannel, lieutenant civil audit St Jean de Lône.

Claude, fils de Jacques Brunot, hôte du logis du Paon à St Jean de Lône, et de Anne Villemain, sa femme, a été baptisé le 16 août 1643 ; ont été ses parrain et marraine honorable Claude Joliclerc, marchand échevin audit lieu, et dame Marie Catherine, femme de Mr d'Ampilly, lieutenant pour le Roi au gouvernement de ladite ville.

Edme Anne, fils de M. Bonjour de Belhôtel, lieutenant en la compagnie de M⁰ Mouchet, et de damoiselle Catherine Morisot, sa femme, a été baptisé le 2 octobre 1643 ; ont été ses parrain et marraine M⁰ d'Ampilly, lieutenant pour le Roi au gouvernement de St Jean de Lône, et madame de St Point, femme de M⁰ de St Point, gouverneur pour le Roi audit lieu.

DEUXIÈME APPENDICE
Les Centenaires et les Cinquantenaires.

Les notes qui suivent sont toutes puisées dans les recueils intitulés : *Les Annales de St Jean de Lône,* et *Suplément aux Annales,* mais elles ne sont pas textuelles. Le lecteur n'y cherchera qu'un rapide aperçu des souvenirs du siège. S'il veut de plus amples détails, il recourra soit aux manuscrits que j'indique, soit aux registres de l'Hôtel de ville, soit aux ouvrages imprimés dont je donne les titres.

Je commence par les fêtes les plus lointaines, afin de tout reporter, comme je l'ai dit, au point central. La lumière est plus intense et plus condensée dans son foyer que dans ses rayons.

Deux centenaires ont été fêtés depuis le siège. Celui de 1836 a laissé des souvenirs ineffaçables. La fête religieuse et la fête civique furent toutes les deux très brillantes (1). Je n'en dirai rien, parce que les documents que j'analyse leur sont antérieurs.

---

(1) V. *Fête civique célébrée à Saint-Jean-de-Lône* le 3 novembre 1836, en commémoration de la levée du siège de ladite ville, le 3 novembre 1636, par Guenebaud fils. Dijon, 1837, in-8°.

Remontons à cent ans en arrière.

Le 2 septembre 1736, Me Pierre-Antoine Maliverné, procureur syndic, requit l'assemblée générale des sieurs du Conseil et des notables de célébrer le premier centenaire de la délivrance de la ville. Les réjouissances, dit-il, doivent surpasser celles que l'on fait annuellement et celles que l'on célèbre avec plus d'éclat de trente ans en trente ans, « attendu que nous sommes dans l'année séculaire. »

Voici en quoi consistèrent ces réjouissances :

Le 30 octobre, le drapeau pris à l'ennemi fut descendu de la voûte de l'église et porté triomphalement à l'Hôtel de ville. Le 3 novembre, on fit, à huit heures du matin, la procession générale du très Saint-Sacrement; puis eut lieu la grand'messe, « à laquelle Mc Claude Vaudrey, prêtre, docteur en théologie, familier, prononça un très beau discour. »

A midi, les habitants de Saint-Jean-de Losne, de Saint-Usage et d'Echenon se mirent sous les armes dans la prairie de Saint-Usage : ils formèrent deux corps pour figurer l'attaque et la défense de la ville. On représenta les différentes scènes du siège; les sentinelles et les grand'gardes, l'attaque des bastions, les sorties des assiégés, la prise du drapeau, la sommation du tambour et les assauts. Pierre Martene, maire héréditaire de la ville, qui était bien réellement malade, se fit transporter aux remparts, comme autrefois M. de Saint-Point.

La « parade » achevée, les combattants vinrent entendre les vêpres à l'église et chanter le *Te Deum*. « Aprez quoi, marchans dans le même ordre, toujours à leur tête les hautbois, basson et autres instrumens, ils se rendirent à la prairie du cotté d'Echenon, où étoit dressé un feu d'artifice. » La nuit venue, « Messieurs de la Magistrature et officiers de la milice bourgeoise soupèrent » à l'Hôtel de ville, et les rues furent illuminées depuis les cinq heures du soir jusqu'au jour (1).

Le but de toutes ces démonstrations est clairement déterminé par les actes de l'assemblée de l'Hôtel de ville. Il s'agit, non de chercher un vain amusement, mais de rendre grâces à Dieu et de renouveler le serment de fidélité des ancêtres. On lit en effet dans une délibération du 2 septembre 1736 : « Les voix prises de tous les habitans, il a été délibéré unanimement qu'il étoit nécessaire de renouveller dans cette année séculaire les actions de grâces au Seigneur, dont les habitans éprouvèrent la protection lors du siège de cette ville, et donner de nouvelles marques de fidélité de tous les habitans à Sa Majesté. » Ces marques de fidélité, on le voit par tous les procès-verbaux, ce sont les serments des aïeux de mourir plutôt que de se rendre, et de brûler la ville plutôt que d'y laisser entrer l'ennemi. Et comme le Roi était alors la personnification de la patrie, on comprend que chacune des signatures soit accompagnée au registre municipal, dans la relation du centenaire, c'est la remarque de M. Fleury, « de la devise : Vive le Roi ! » Tel est le dernier mot de la fête, et c'est aussi le premier. Quand Pierre-Antoine Maliverné propose la célébration du centenaire, il s'exprime ainsi : « Dans l'année séculaire de tant de glorieuses actions de nos ancêtres, le procureur sindic a cru qu'il étoit de son devoir d'en rappeler les idées en la pré-

---

(1) *Annales de St Jean de Lône*, p. 753-770. — Cf. *Relation des réjouissances faites à Saint-Jean-de-Lône*, etc., par Boisot. Dijon, de Fay, 1736, in-8°. — *Supplément en forme de réponse à la Relation*, etc. 1737, in-12.

sente assemblée pour exciter les habitans à la concorde et renouveller leur fidélité au Roi et à la Patrie. »

On compte seulement trois cinquantenaires depuis 1636. Les fêtes du dernier, celui de 1886, sont encore présentes à toutes les mémoires (1). Celles de l'avant-dernier, qui remonte à 1786, suivirent de quelques années la mort de M. Fleury. Elles ont été décrites dans les *Affiches de Dijon* des 28 novembre, 5 et 12 décembre de cette même année. Le premier cinquantenaire tombait en 1686 ; il n'eut pas lieu ; si l'on demande pourquoi, on en verra la raison, quand nous aurons raconté comment on célébrait les souvenirs du siège au XVIIe et au XVIIIe siècle.

TROISIÈME APPENDICE

Les Trentenaires.

On a donc rencontré depuis la Révolution un centenaire et un cinquantenaire, aux dates de 1836, pour l'un, et de 1886, pour l'autre. Avant cette époque, on ne célébra non plus qu'un centenaire, celui de 1736, et qu'un cinquantenaire, celui de 1786. Malgré cette apparente similitude, la tradition établie dans les deux siècles qui précèdent le nôtre, était très différente de celle qui a prévalu depuis. Il y avait alors deux sortes de fêtes que nous ne faisons plus, celles des trentenaires et des anniversaires.

Les premières se sont présentées à quatre reprises avant 1789 : en 1666, en 1696, en 1726 et en 1766. On

---

(1) V. *La Galas en 1886*, par Auguste Ratheaux.

remarquera que cette dernière fête n'est point à sa véritable échéance, puisqu'elle arrive quarante ans après celle qui la précède immédiatement. Elle tombait en 1756, mais elle fut remise, sans qu'on y prît garde, pour ainsi dire, et comme par la force des choses, à une date ultérieure, à cause du centenaire de 1736. On recommençait, en quelque sorte, avec ce premier centenaire, un nouveau cycle. C'est ce qui explique le nom de trentenaire également donné aux réjouissances publiques de 1766. Elles furent célébrées, dit M. Fleury, « l'année trentenaire aprez l'année séculaire de la levée du siège de St Jean de Lône, en 1636. »

La cérémonie ne se fit pas le 3 novembre, mais le 4, à cause de la commémoraison des morts qui avait lieu le 3, la fête de tous les Saints s'étant trouvée le samedi.

La veille on descendit le drapeau, comme en 1736, et les Magistrats assistèrent aux premières vêpres en habit de cérémonie. Le jour, à 2 heures du matin, le canon et la grosse cloche annoncèrent la délivrance de la ville. A 6 heures, on battit la générale ; à 8 heures, les hommes et les jeunes gens de la ville et des deux villages se mirent sous les armes devant l'Hôtel de ville. La procession du très Saint-Sacrement eut lieu à 9 heures ; au retour, on chanta la grand'messe dans l'église paroissiale qui avait été magnifiquement illuminée et décorée. Le soir, après les vêpres et le *Te Deum*, on alluma quatre feux de joie sur les quatre places principales de la ville. De 6 à 11 heures, illumination générale.

On avait placé devant l'Hôtel de ville une fontaine de vin pour le peuple. Rien ne manqua à la fête. Le lendemain, les troupes reportèrent le drapeau en grande pompe à l'église paroissiale dans la matinée, et le soir eurent lieu.

dans la prairie d'Echenon, différents exercices militaires qui figuraient l'attaque des assiégeants, la défense des assiégés et la déroute des Allemands.

Je n'ai pas besoin d'observer qu'on ne fit point de trentenaire en 1796. A cette date, les armées françaises écrivaient dans notre histoire nationale des pages qui forment notre grande épopée et qui vivront autant que le monde.

On voit par les registres de l'Hôtel de ville que les trentenaires de 1726, de 1696 et de 1666, furent marqués par des cérémonies semblables. Je n'y trouve à la vérité, et je le regrette, ni le souper à l'Hôtel de ville de MM. de la Magistrature, comme en 1736, ni « la fontaine de vin pour le peuple, » comme en 1766; mais j'y rencontre les prières ordinaires avec messe et vêpres, la procession du très Saint-Sacrement, la descente du drapeau, les feux de joie et d'artifice, l'illumination de la ville, la parade militaire, la rénovation du serment de fidélité et les acclamations publiques.

La pensée dominante est toujours l'action de grâces avec la rénovation du serment. On lit dans la délibération du 28 octobre 1696 : « M° Pierre Picardot, procureur du Roi de la communauté de la ville, nous a dit et remontré que l'on a accoutumé tous les ans faire des prières publiques et des feux de joye pour remercier Dieu de l'avantage que les habitans eurent de la levée du siège posé en l'année 1636.

» Quoi ouis, le serment desdits habitans ayant été pris, par lequel ils ont promis d'être toujours fidels au Roi, et de mourir en toutte occasion pour son service, a été résolu et délibéré que le procureur sindic avertira MM. les curé et familiers de faire les services accoutumés. »

La même pensée revient, sous des formes variées, dans

tous les documents. Nous allons la retrouver tout à l'heure dans la célébration des anniversaires.

Si l'on demande la raison pour laquelle on a choisi la date des trentenaires pour célébrer les fêtes annuelles avec plus de solennité, les délibérations dont il s'agit s'expliquent clairement sur ce point. Je citerai seulement les premières, celles de 1666, qui sont suffisamment explicites :

Le 27 octobre, les échevins ordonnent que « les prières et réjouissances » dont le 3 novembre amenait le retour seront « augmentées en considération de l'année trentenaire. » Ils spécifient nettement ce qu'ils demandent à MM. les vénérables : « scavoir : le 2 du prochain mois de novembre, dire les vespres en toutte solennité, le lendemain, jour de la levée du siège, célébrer la messe avec touttes les solemnités qui se pourront, à la plus grande gloire de Dieu, exposer le Saint Sacrement sur le grand autel, faire la procession généralle de cette ville où assisteront les sieurs officiers royaux, corps de ville et tous les habitans. » Puis ils règlent les détails de « la parade accoutumée », et prescrivent de faire trois feux de joie qu'ils se réservent d'allumer eux-mêmes, après les vêpres et le *Te Deum*.

Le lendemain de la fête, M⁰ Pierre Desgranges puiné, procureur syndic, demande acte, dans une assemblée de ville, de la célébration de ce trentenaire, et voici la raison qu'il donne : « Comme les trente années qui se sont écoulées introduisent une prescription qui mettroit à couvert touttes choses, » les habitants ont résolu « d'interrompre cette prescription par des actions de grâces envers Dieu, par des ressentimens extraordinaires d'une joye sincère et par des protestations publiques de leur fidélité envers leur

Roi. Mais, parce que dans la suite des temps cette interruption ne paraissant pas s'il n'y en avoit quelque acte par écrit, les successeurs habitans se pourroient rallentir, s'il n'y avoit quelque chose qui les anima et surmonta le tems, qui dérobe aux plus belles actions ce qu'elles ont de plus éclatant, » le procureur syndic requiert l'assemblée de lui donner « acte de cette interruption » et de renouveler leur serment de fidélité au Roi et à la ville (1).

Ainsi trente ans après le siège, les fils des défenseurs de la cité n'entendent point être libérés du vœu de leurs pères, ils ne veulent pas que leurs obligations soient périmées : ils réclament hautement contre la prescription et se font un honneur de s'engager eux-mêmes par une nouvelle résolution et un nouveau serment.

QUATRIÈME APPENDICE

Les Anniversaires.

Declumes a raconté comment les habitants de Saint-Jean-de-Losne, après avoir chanté le *Te Deum,* le 3 novembre 1636, dans leur église paroissiale, se rendirent à l'Hôtel de ville et résolurent de célébrer désormais chaque année le souvenir de leur délivrance. Nous savons par une tradition irrécusable, comme par le témoignage de M. Fleury et de Courtépée, que cette fête, appelée « la Galas », fut effectivement solennisée tous les ans jusqu'à la Révolution.

Nous n'avons pas le texte de la délibération du 3 no-

---

(1) *Annales,* p. 565-570 ; 611-615 ; 714-723. *Suplément,* p. 414-428.

vembre : on sait que les actes de cette calamiteuse époque sont perdus ; mais M. Fleury a reproduit deux autres délibérations consignées dans un registre parvenu jusqu'à nous, et qui se rapportent à ce sujet.

La première est datée du 28 novembre 1638. Elle fait allusion à une fondation faite en vue de célébrer les premiers anniversaires. Il s'agit de la procession générale que nous avons retrouvée dans les documents postérieurs, sous le nom de procession du très Saint-Sacrement, et d'une messe commémorative fixée, dans l'origine, au lendemain de la fête.

Voici la teneur de ce document :

« Ce jourd'huy, dimanche, 28 novembre 1638, en l'hôtel et chambre de ville, où étoient les cy aprez nommés, sur la proposition de Me François Pierre, procureur sindic, par devant nous François Verderet, Jean Dumay, Etienne Garnier et Pierre Delettre, échevins et juges ordinaires de la ville de St Jean de Losne, a été résolu ce qui s'ensuit, aprez que ledit sieur sindic nous a relaté avoir averti les sieurs officiers du Baillage. »

Suit la liste des « habitans comparants », avec une discussion d'affaires ; puis la délibération continue en ces termes :

« Et pour la fondation faite par le sieur Verderet de la procession générale qui se doit faire annuellement au jour de la levée du siège de cette ville, et la messe qui se doit dire le lendemain, a été aussi résolu qu'assemblée génerralle se fera d'huy en huit jours, pour scavoir et délibérer si le tout sera fondé par la ville. »

Ce texte, un peu trop laconique, constate, à défaut de renseignements plus précis, qu'un citoyen généreux avait offert à ses compagnons d'armes de faire les frais des fêtes anniversaires en établissant une fondation. A quel chiffre montait-elle ? Y avait-il des conditions ? Quelles dispositions le fondateur avait-il exprimées ? Le document que nous citons ne le dit point. Nous en retenons seulement l'idée généreuse de François Verderet, et, nous souvenant de son courage en 1636, nous aimons à saluer en lui un patriote soucieux de l'avenir et aussi désintéressé qu'intrépide.

Cette idée, l'assemblée suivante la trouva si belle qu'elle voulut se l'approprier. Elle revendiqua pour la ville de faire elle-même la fondation projetée. Je cite avec joie la délibération qui fut prise à cet égard. Elle est le digne couronnement des résolutions du 3 novembre 1636.

« Ce jourd'huy, dimanche, 5e décembre 1638, par continuation de l'assemblée remise à cejourd'huy, touchant la fondation de la procession géneralle, qui se doit faire annuellement au jour de la levée du siège de cette ville, et de la messe qui se doit célébrer le lendemain, pardevant nous François Verderet, Jean Dumay, Etienne Garnier et Pierre Delettre, échevins et juges ordinaires de la ville de St Jean de Lône, sur la proposition faite par Me François Pierre, procureur sindic, a été résolu ce qui s'ensuit : en laquelle assemblée étoient les cy-aprez nommés :

Premièrement, Mr Pierre Jannel, lieutenant civil, Mr Jean Pelletier, procureur du Roi, Mrs Claude Martene, Nicolas Vaudrey l'aîné, Nicolas Vaudrey le jeune, etc., au nombre de 38 habitans.

Que le vœu fait par Messieurs les Echevins et procureur sindic, lequel sera cy aprez inseré, lequel est d'assister annuellement à une procession génerallle, qui sera faitte à chacun jour, 2e du mois de novembre, pour remercier **Dieu de la faveur et grâce spéciale, qu'il lui a plut faire** de délivrer la ville du siège, posé au devant d'icelle par le général Galas, le duc Charles et le marquis de St Martin, assistés des plus grandes forces d'Allemagne, demeurera effectué en tous ses points, lequel ils avouent et ratifient, promettants ensemble d'y pareillement assister, et pour d'autant plus obliger les sieurs vénérables de cette ville, a été résolu, que tant la ditte procession génералle qu'une messe haute qui sera célébrée, le lendemain, à diacre et sous diacre, sera fondée sous le nom de la ville, moyénant par an 3 livres, 2 sols, 6 deniers, rachetable pour une fois de la somme de 50 livres, auquel effet en sera passé contrat avec les sieurs vénérables qui, moyénant laditte somme, seront obligés de suivre les clauses et conditions qui seront particulièrement rapportées en icelui, dans lequel contrat seront nommés tous ceux ayans assisté audit siège.

En témoin de quoi nous nous sommes soussignés avec ledit procureur sindic, les habitans sachants le faire, et Philibert Oydelot, greffier et secrétaire de laditte ville.

Signé au registre : Jannel, Verderet, Martene, J. Dumay, E. Garnier, Delettre, Pierre, Millot, Vaudrey, J. Pointrot, Denevers, Joliclerc, Philippe Simonot, Ramaille, J. Comagène, Jean Denevers, Louhet, Jacques Bouscaut, Claude Bassene, Claude Menetrier, Christophle Charnyot, Gervais Poulet, Mathieu Robert et Oydelot, secrétaire (1). »

---

(1) *Annales*, 424-426.

ADIEU AU LECTEUR

Avant de prendre congé de vous, ami lecteur, saluons, si vous voulez bien, le monument au pied duquel nous avons un instant devisé. Le court moment que nous avons passé ensemble, cette petite halte dans les longues étapes de la vie, nous a permis de relire une inoubliable nomenclature et de faire ce que nous avons appelé : *Le Livre d'or de la belle défense.* Au moment de nous remettre en marche pour aller où nous appelle notre destinée, vous de votre côté et moi du mien, demandons-nous quelle est en définitive la signification de cette colonne.

Elle rappelle avant tout le souvenir des aïeux, la mémoire de ceux dont nous avons redit les noms. Le monument se dresse sur la place où ils résolurent de mourir plutôt que de se rendre. Les inscriptions qu'il porte retracent à la fois leur résistance héroïque et les paroles de leur immortelle délibération. Les canons et les créneaux sur lesquels s'appuie la colonne, les tours antiques qui la couronnent, les scènes des bas-reliefs qui représentent la réunion du 2 novembre et le dernier assaut, tout exprime le même fait, tout célèbre la même gloire.

Cette vieille Église, qui s'élève à côté de nous, entendit les serments de l'assemblée. Elle avait pleuré sur les morts, et elle chanta le Te Deum de la délivrance. Du haut de ce beffroi, le guetteur annonçait les mouvements de l'ennemi et les préparatifs de la canonnade. Voici la rivière où tombèrent les obus des premiers jours. Un peu plus bas se trouvait le pont de bois, qu'on voulut brûler, pour empêcher les Allemands de franchir la Saône; et l'on aperçoit tout autour de la ville les débris des vieux murs où les assiégeants ouvrirent une brèche de trente-six pieds.

Tant que cette colonne et cette ville resteront debout, et tant que la Saône arrosera ces beaux rivages, on se souviendra des noms que nous avons relus. Quelques-uns sont inscrits sur les murs de l'Hôtel de ville ; ils resteront tous gravés dans les fastes de Saint-Jean-de-Losne. Si jamais le temps, qui détruit tout, renversait ce monument et cette église, si la ville elle-même venait un jour à disparaître, les mariniers diraient encore en passant avec leurs bateaux devant les pans de murs écroulés : « Là vécurent des hommes courageux : Desgranges, Lâpre, Martene, Viserny, de Thoulorges, Barette, d'Ally de Saint-Point. Là quelques centaines de braves firent reculer Galas avec une armée de cinquante mille hommes. Là des femmes intrépides, Anne de Lucinge, Jeanne Micault, l'hôtelière Lapointe, rivalisèrent de courage avec les citoyens et les soldats. Honneur aux ancêtres ! Honneur aux héros de 1636 ! Honneur à tous ceux qui prirent part à la défense de Saint-Jean-de-Losne !

C'est l'acclamation qui sortirait alors de la bouche des mariniers. Mais que dis-je ? Voilà deux cent cinquante-six ans qu'elle jaillit du cœur des générations passées comme de la génération présente. C'est à cette louange séculaire que je suis heureux, cher lecteur, d'associer avec vous mon hommage et mes vœux. Ames magnanimes de nos pères, reçues au séjour éternel, noms vénérés de nos aïeux, mémoire sacrée de la belle défense, vivez à jamais sur cette plage heureuse. Inspirez à ceux qui vous honorent en ces lieux, où tout parle de vous, les vertus que vous fîtes paraître, votre invincible courage, votre fermeté indomptable, votre héroïque abnégation.

Si touchants que soient ces souvenirs, la colonne symbolise une pensée plus haute et plus noble encore : la cause même pour laquelle nos aïeux se dévouèrent. Il ne s'agissait pas seulement de défendre la ville, il fallait à tout prix arrêter l'ennemi. Galas se souciait peu de prendre une bicoque, il visait une plus grande conquête. Il voulait pénétrer au cœur même de la France. Gardiens du pont qui lui livrait passage, les habitants de Saint-Jean-de-Losne comprirent qu'il dépendait d'eux de préserver la Patrie d'une invasion plus étendue. Chacun sentit la solidarité qui nous unit tous comme des frères en présence de l'ennemi. Sans doute, la vie nous est chère, et nous avons des familles que nous aimons plus que nous. Mais nos familles et nos vies ne pèsent plus rien, dans la balance, quand l'un des plateaux porte les intérêts de la Patrie.

La Patrie ! c'est notre plus héroïque amour, c'est notre famille agrandie jusqu'à nos frontières idéales, les Alpes et l'Océan, les Pyrénées et le Rhin. C'est le sol où dorment nos aïeux, la terre qui porte nos foyers et nos autels, qui a bu le sang de nos martyrs et de nos soldats et qui boit encore nos larmes. C'est le ciel qui nous couvre, où brillèrent jadis nos oriflammes, où nous voyons flotter aujourd'hui les drapeaux tricolores qui ont fait le tour de l'Europe. C'est l'héritage de victoires et de triomphes que nous ont légué nos pères, et c'est aussi le mémorial des tristesses et des douleurs qu'ils nous ont laissé ; car Dieu a fait le cœur de l'homme si profond que nous aimons notre pays, autant, si ce n'est plus, à cause de ses revers que de sa fortune. Nous soulevons alors les bandeaux qui couvrent nos blessures, et la vue de nos plaies excite en nous un nouveau courage et une nouvelle espérance, parce que nous voulons une France heureuse, honorée, forte et victorieuse.

Telle est la pensée qui fit battre le cœur des habitants de Saint-Jean-de-Losne. En vain Ritberg leur dit habilement : « Laissez passer les troupes de Galas ; nous ne vous ferons aucun mal. Vous êtes de braves gens ; vous avez satisfait à l'honneur. Nous ne voulons pas vous cribler de boulets et vous ensevelir sous les ruines de vos maisons. » A ces mots, Michel de Thoulorges menace de donner un coup de pistolet à qui tenterait de parlementer. Les échevins demandent : « Y a-t-il quelqu'un parmi vous, Messieurs, qui consente à capituler ? » Les habitants assemblés répondent par un serment de fidélité à la France. Ils signent leur incomparable *Résolution*, ils prennent soin de marquer qu'ils veulent simplement remplir leur devoir de citoyens, qui est de sacrifier « leurs biens, leurs vies et leurs familles » pour la Patrie. Le sacrifice qu'elle réclame dans les dangers suprêmes, ces braves gens le font librement et généreusement, je ne dis pas assez, ils le font avec le sentiment du devoir et l'élan du cœur.

Où puisèrent-ils cette force? Où trouvèrent-ils un tel courage? Ceux qui ont compris leur pensée et qui ont fêté leur gloire ont invariablement répondu : Dans leur foi religieuse.

Je sais bien qu'on peut faire honneur de leur vaillance à cet entraînement si français qui nous enlève tous, quand l'étranger passe nos frontières. En aucun temps, les soldats de Bouvines, de Rocroy et de Montmirail n'ont compté leurs ennemis. Ils ont marché en avant pour les chasser de la terre française. Ils n'ont nullement demandé s'ils devaient vaincre comme à Valmy, ou succomber comme à Reischoffen. Ils sentaient en eux l'ardeur passionnée de la vaillance française.

Mais ils trouvaient encore, comme les défenseurs de 1636, au dedans de leurs cœurs, une source plus profonde, cachée peut-être pour quelques yeux, mais réellement jaillissante dans tous les cœurs chrétiens, la source mystérieuse et sacrée où s'alimentait leur courage : leur foi religieuse. Mgr Lecot (1) l'a proclamé en 1886, au milieu d'une immense assistance. Il loua d'abord cet entraînement patriotique, dont il vient d'être question, puis il s'écria :

« Le délire ne dure pas. Oh ! Messieurs, n'avez-vous pas compris ce que peut ajouter de persévérance à ce beau et sublime courage naturel, le sentiment de la foi à l'immortalité.

» Tandis que, pour l'homme qui ne voit rien après la vie, la mort est le suprême malheur, parce que c'est le néant sombre et morne dont on ne revient pas ; pour l'homme qui croit à l'âme survivante et au corps renaissant de sa pourriture, la mort n'est plus qu'un incident entre deux vies ; et, si la mort est glorieuse, si elle est consommée dans un acte de

---

(1) Alors évêque de Dijon, depuis archevêque de Bordeaux.

vertu, c'est tout simplement la clef d'une vie de triomphe et d'honneur immortel.

» Et, dès lors, ne sentez-vous pas comme il est facile, avec la foi chrétienne, de créer des héros devant la mort? »

A toutes les fêtes commémoratives, anniversaires, trentenaires, cinquantenaires ou centenaires, la même pensée s'est fait jour, nous en avons donné des preuves irrécusables ; il y a plus : elle a présidé à toutes les réjouissances qui se sont faites jusqu'alors.

Rendre grâces à Dieu, le remercier d'avoir soutenu les assiégés et sauvé la ville ; en un mot, chanter le Te Deum de la reconnaissance, voilà l'idée qui fut toujours prédominante, voilà ce qui a toujours été demandé par la conscience publique, et voilà le fait principal et caractéristique de ces fêtes.

La réponse que nous trouvons dans l'esprit traditionnel de la cité est également celle des héros de 1636. Nous avons parlé de l'acte dont l'un d'eux, François Verderet, fut le promoteur. Ils établirent, nous l'avons dit, au nom de la ville, une procession générale et fondèrent une messe solennelle pour remercier Dieu « de la faveur et grâce spécialle qu'il lui a plut faire. »

Mais remontons jusqu'aux heures les plus critiques du siège et demandons aux habitants quelle est leur plus intime pensée. Où vont-ils avant les assauts? A l'Eglise. Et qu'y font-ils? Ils demandent à Dieu de leur donner force et courage. Où sont les femmes enceintes, les malades et les vieillards, tandis que le canon tonne? Devant le Saint-Sacrement exposé; ils prient avec confiance. Où courent les vainqueurs, après la levée du siège? Dans leur Eglise et dans leurs chapelles. A qui attribuent-ils leur merveilleux succès? A celui qui leur a donné le courage de vaincre.

Ecoutons leur vieil historien (1) : « Leur premier soin fut d'aller à l'Eglise remercier le Dieu des armées, sans le secours duquel leur résistance auroit été inutile. Ils chantèrent, pleins de joie, le TE DEUM, au son de toutes les cloches, des tambours, des trompettes, et des autres instruments de guerre, avec une triple décharge d'artillerie. »

C'est aux harmonies de cette musique guerrière et en souhaitant de les entendre encore avec le *Te Deum* de la victoire, que je vous remercie, cher lecteur, de votre bienveillance et que je vous dis adieu.

---

(1) Declumes, ms. Fleury, 762.

TABLE

Au lecteur. 5

§ 1. — L'objet de ce livre. 6
§ 2. — Le manuscrit original. 11
§ 3. — Les sources 22

   Préliminaires de M. Fleury.

§ 1. — *Faits historiques* I. Titre général. — II. L'armée assiégeante. — III. Régiments des alliés. — IV. Les assiégés. — V. Les auxiliaires. — VI. Le nombre des habitants. — VII. Les positions de l'ennemi. — VIII. Les postes des défenseurs de la ville. — IX. Les péripéties du siège. — X. Le drapeau pris à l'ennemi. — XI. Les noms des vainqueurs. 35
§ 2. — *Les personnes en charge*. I. L'état-major de la place. — II. Gouvernement militaire de la ville en 1636. — III. Garnison de la ville. — IV. Clergé de la ville. — V. Paroisse du faubourg de Lône. — VI. Officiers du baillage. — VII. Officiers de l'échevinage. — VIII. Les douze sieurs du Conseil. 53
§ 3. — *Observations préliminaires sur l'arrangement du* Catalogue. I-XII 63

	A	69
	B	70
	C	93
	D	104
	E	117
	F	117
	G	122
	H	140
	J	143
Catalogue alphabétique.	L	149
	M	163
	N	183
	O	184
	P	185
	Q	199
	R	200
	S	208
	T	213
	V	217

Appendices 223

Premier appendice. — Les baptistaires. 224
Deuxième appendice. — Les centenaires et les cinquantenaires. 227
Troisième appendice. — Les trentenaires 230
Quatrième appendice. Les anniversaires 234

Adieu au lecteur. 239

(6503) Imp. Jobard.

www.ingramcontent.com/pod-product-compliance
Lightning Source LLC
Chambersburg PA
CBHW070528170426
43200CB00011B/2355